Mehr Geld

Eine praktische Anleitung für den Alltag

LEO BABAUTA & SINA JASUR

ISBN: 1507851456
ISBN-13: 978-1507851456

Impressum

Prießnitzstr. 52, 01099 Dresden

1. Auflage 2014, ungekürzt
Covergestaltung und -konzept: Anja Schüler-Renner
Coverfoto: www.canva.com

INHALT

VORWORT VON SINA JASUR

Mir ist Geld nicht so wichtig und ich hatte nie Schulden, aber seitdem mein Mann und ich eine fünfköpfige Familie zu ernähren haben, achten wir stärker auf unsere Finanzen. Wir haben zusammen theoretisch immer genug verdient, aber allzu oft war am Ende des Monats trotzdem das Geld alle und nichts blieb zum Sparen übrig. Dann habe ich mich selbständig gemacht und uns wurde bewusst, dass wir gar keine Ahnung hatten, wie viel ich eigentlich verdienen muss, damit wir als Familie halbwegs entspannt über die Runden kommen. Es war an der Zeit, die Kontrolle über unsere Finanzen und unsere tatsächlichen Ausgaben zurückzuerlangen und so habe ich Leo Babauta kennen gelernt.

Leo Babauta schreibt auf seinem viel zitierten Blog Zen Habits[1] unter anderem über Finanzen und Geld. Millionen Leser haben verfolgt, wie er sich selbst erfolgreich von seinen Schulden befreit und gleichzeitig sein Gehalt verdreifacht hat, und das, obwohl er sechs Kinder zu ernähren hatte. Ich finde seine Vorschläge und Tipps spannend und einfallsreich und habe selbst schon vieles, was er vorschlägt, umgesetzt. Heute macht es mir Spaß, mich um die Finanzen der Familie zu kümmern. Geld ist kein trockenes, langweiliges Thema mehr. Mit einem etwas anderen Blickwinkel ist es eine Freude und sehr befreiend, genau zu wissen, wofür wir unser Geld ausgeben und wo wir noch sparen können. Das Beste daran: Je achtsamer wir mit unseren Finanzen umgehen, desto besser können wir

---

[1] www.zenhabits.com

uns von den Zwängen des Geldverdienens befreien. Die Ideen und Ratschläge von Leo Babauta haben mir auf diesem Weg sehr geholfen.

Dieses Buch ist aus den für mich wichtigsten Beiträgen Leo Babautas zum Thema Geld entstanden und es soll Inspiration und Anleitung für jeden sein, der sich bisher kaum mit Finanzen befasst hat. Ich habe Leo Babautas Artikel nicht nur zusammengestellt und übersetzt, sondern auch überarbeitet und mit eigenen Vorschlägen ergänzt. Folgende Fragen beantworten wir Dir: Wie kann ich meine Schulden loswerden und Geld ansparen, auch wenn ich nicht mehr verdiene als vorher? Wie kann ich meine Finanzen vereinfachen und die Kontrolle über mein Geld zurückgewinnen? Wie kann ich mein Einkommen erhöhen? Wie kann ich im Alltag Geld sparen, um mir meine Träume zu erfüllen oder weniger arbeiten zu müssen? Was bringe ich meinen Kindern über Finanzen bei? Und wie sollte in einer Partnerschaft mit dem Thema Geld umgegangen werden?

Ich wünsche Dir viel Spaß beim Lesen und Umsetzen der Tipps von Leo Babauta. Bei Fragen und Anregungen kannst Du Dich sehr gern an mich wenden: sina.jasur@gmail.com. Wenn Dir dieses Buch gefallen hat, freue ich mich über Deine Bewertung.

WER IST LEO BABAUTA?

Leo Babauta war 18 Jahre lang Journalist. Er ist Ehemann und Vater von sechs Kindern. Im Jahr 2010 zog er von der Insel Guam nach San Francisco, wo er ein einfaches Leben führt. Er begann seinen Blog "Zen Habits", um zu protokollieren und mit anderen zu teilen, was er lernte, während er eine Reihe seiner Gewohnheiten änderte:

- Er hörte auf zu rauchen.
- Wurde ein Läufer.
- Lief mehrere Marathons und Triathlons.
- Lernte zeitig aufzustehen.
- Wurde organisiert und produktiv.
- Begann gesünder zu essen
- Wurde Vegetarier.
- Verdreifachte sein Einkommen.
- Schrieb einen Roman und ein Sachbuch.
- Eliminierte seine Schulden.
- Vereinfachte sein Leben.
- Verlor Gewicht (etwas mehr als 22 kg).
- Schrieb mehrere Bestseller[2].
- Begann einen erfolgreichen Top 25 Blog.
- Schrieb einen weiteren Blog über Minimalismus.
- Gab sein Auto auf.

---

[2] 2007 veröffentlichte Babauta das eBook Zen To Done: Das ultimativ einfache Produktivitätssystem. 2008 veröffentlichte Babauta sein erstes Printbuch: Weniger bringt mehr: Die Kunst, sich auf das Wesentliche zu beschränken.

SORGLOS

Unsere Finanzen können ein erheblicher Stressfaktor sein. Wenn Du ein entspanntes Leben führen willst, musst Du Dich Deinen Geldsorgen stellen, Routinen entwickeln und den Stress, den Deine finanzielle Lage auslöst, auf ein Minimum reduzieren.

Identifiziere deshalb zunächst die finanziellen Belastungsfaktoren in Deinem Leben. Für viele Menschen sind das: Schulden, zu spätes Zahlen von Rechnungen, ein fehlendes finanzielles Sicherheitsnetz, das Gefühl, keine Kontrolle über die Finanzen zu haben, Streit wegen der Finanzen.

Im ersten Teil des Buches werden wir jedes einzelne dieser Probleme mit einfachen Lösungen angehen. Im zweiten Teil folgen praktische Tipps zum Thema Geld sparen im Alltag.

Hier zunächst eine kurze Übersicht dazu, wie Du die finanziellen Sorgen in den Griff bekommst. In den nächsten Kapitel gehe ich auf die einzelnen Punkte näher ein.

Weg von den Schulden. Wenn Du Schulden hast, ist das der erste notwendige Schritt. Aber wie willst Du das tun? Überwache Deine spontanen Ausgaben, um den unkontrollierten Geldfluss zu stoppen. Verwende einen Schulden-Schneeballplan, um aus der Verschuldung zu kommen. Mach eine Geld-Diät.

Bezahle Deine Rechnungen, sobald Du sie bekommst. Dies ist eine der einfachsten Möglichkeiten, um Stress wegen Deiner Rechnungen zu beseitigen. Um das tun zu können, brauchst Du ein "Finanz-Polster" auf Deinem Bankkonto, so dass Du immer genug Geld hast, um die Rechnungen zu bezahlen.

Entwickle ein finanzielles Sicherheitsnetz. Das ist etwas, das Du sofort tun solltest. Erstens, wenn Du verheiratet bist oder andere Angehörige hast, die auf Dein Einkommen angewiesen sind, solltest Du eine Lebensversicherung abschließen. Informiere Dich und stelle sicher, dass Du die richtige Versicherung für Deine Bedürfnisse bekommst. Zweitens, schau Dir Deine anderen Versicherungen an, ob sie Deinen Lebensumständen entsprechen: Auto, Hausrat, Unfall etc. Drittens solltest Du ein Testament haben. Das scheint nicht notwendig, wenn Du jung bist, aber wenn Du irgendwelche Angehörigen hast, ist es ein Muss. Viertens, entwickle ein Finanzpolster - gleich. Ich weiß, das rät jeder, aber wenn Du nicht zumindest über eine kleine Rücklage verfügst, wirst Du nie Deinen finanziellen Seelenfrieden finden. Sie sollte wenigstens drei bis sechs Monate halten, oder so lange wie es notwendig ist, um Dich sicher zu fühlen. Mehr dazu im Kapitel "Ein Finanzpolster aufbauen und Rücklagen bilden".

Automatisiere Deine Zahlungen. Mehr dazu im Kapitel "Deine Finanzen auf Autopilot setzen".

Überwache Deine Finanzen. Um ein Gefühl der Kontrolle über Deine Finanzen zu bekommen, musst Du sie überwachen. Überprüfe, ob Dein Konto ausgeglichen ist. Richte Dir einen Posteingang/eine Ablage für Rechnungen ein und stelle sicher, dass keine offenen Rechnungen oder Lastschriften bestehen. Nimm Dir dafür 10 bis 20 Minuten pro Woche Zeit. Richte Dir dafür einen festen Termin in

Deinem Kalender ein.

Erhöhe und automatisiere Dein Einkommen, um Dein Leben weiter zu vereinfachen.

Sprich mit Deinem Partner über Geld. Geld kann ein großer Stressfaktor in einer Beziehung sein. Es ist wichtig, dass ihr regelmäßig über Geld sprecht.

ÜBERWACHE DEINE SPONTANEN AUSGABEN

Hast Du ein Problem mit dem spontanen Geld ausgeben? Der erste Schritt, das unter Kontrolle zu bekommen, ist Dein Verlangen zu überwachen. Mach es Dir zum Ziel, Dein Verlangen für die nächste oder die nächsten zwei Wochen zu kontrollieren und zu dokumentieren.

Halte ein kleines Notizbuch oder Dein Smartphone bereit und jedes Mal, wenn Du den Drang verspürst etwas zu kaufen, praktisch oder nicht, mach Dir eine Notiz. Egal, ob es um etwas geht, das man online kauft oder in einem Geschäft, oder während Du in einem Katalog blätterst. Sobald Du über etwas nachdenkst, wie zum Beispiel das neue iPad oder selbst, wenn Du mehrmals den Drang verspürst, das gleiche Ding zu kaufen: mach Dir eine Notiz.

Es ist nicht relevant, ob Du es kaufst oder nicht, verfolge nur den Drang, den Du hast. Oftmals kommt der Drang von Deinem Unterbewusstsein. Du wirst nicht in der Lage sein, Deine Ausgaben zu kontrollieren, wenn Dir das nicht bewusst wird. Die Notizen helfen Dir dabei. Vielleicht erkennst Du sogar, was Dich dazu bringt, spontan Geld auszugeben: die Suche nach Befriedigung, Einsamkeit, Traurigkeit....

Hier noch weitere Tipps, um Dein spontanes, impulsives Kaufverhalten zu kontrollieren:

Vermeide Einkaufszentren und Einkaufsstraßen. Einfach nur dorthin zu gehen, garantiert Dir praktisch, dass Du spontan etwas kaufen wirst. Mach statt dessen etwas im Freien oder zu Hause.

Wenn Du einkaufen gehst, geh mit einer Liste. Und bleib bei der Liste. Sage Dir, dass alles, was nicht auf der Liste steht, streng verboten ist.

Erstelle eine 30-Tage-Liste. Wenn Du den Impuls hast, etwas zu kaufen, was Du nicht unbedingt brauchst, notiere es darauf. Du darfst nichts kaufen, außer Dingen, die wirklich notwendig sind - alles andere kommt auf die Liste, mit dem Zeitpunkt, wann es in die Liste aufgenommen wurde. Wenn die 30 Tage um sind, darfst Du es kaufen - aber höchstwahrscheinlich wird der starke Drang danach verschwunden sein. Nur der Akt, es auf diese Liste zu schreiben (bewusst machen) und sich zum Warten zu zwingen (Verzögerung), kann einen großen Unterschied machen.

Finde andere Dinge, die Du mit Freunden oder der Familie tun kannst. Hängst Du mit Leuten ab, die Shopping als Zeitvertreib lieben? Ermutige sie, etwas anderes zu tun. Geht nach draußen, in einen Park, steigt auf einen Berg. Macht ein gemeinsames Abendessen zu Hause. Wenn Deine Freunde sich weigern, sich zu ändern, solltest Du darüber nachdenken, mit wem Du Deine Zeit verbringst, weil ihr verschiedene Werte habt.

Wenn Du Kreditkarten, Privatkredite oder andere Schulden hast, solltest Du einen Schuldenabbauplan entwickeln. Im Folgenden werde ich Dir zeigen, wie Du mit Deinen Schulden umgehen kannst, um sie zu beseitigen. Falls Du keine Schulden hast, spring zum Kapitel "Ein Finanzpolster aufbauen und Rücklagen bilden."

DAS SCHNEEBALLSYSTEM

Liste Deine Schulden auf und ordne sie in folgender Reihenfolge: von der kleinsten Menge am Anfang der Liste zum größten Schuldenberg am unteren Ende der Liste. Dann konzentriere Dich auf den ersten, kleinsten Schuldenbetrag, für den Du monatlich eine Rate zahlst. Erhöhe die Rate so weit es geht und wenn es nur 30€ extra sind (mehr wäre besser).

Wenn dieser Betrag abbezahlt ist, feiere! Dann nimm die Gesamtmenge, die Du dafür gezahlt hast (sagen wir 70€ Mindestratenzahlung plus die 30€ extra wäre ein Gesamtbetrag von 100€) und füge diesen Betrag zur nächsten Ratenzahlung auf Deiner Liste. Wiederhole diesen Vorgang mit dem Zusatzbetrag-Schneeballsystem bis alle Deine Schulden abbezahlt sind. Dies könnte mehrere Jahre dauern, aber es ist ein sehr lohnender Prozess.

FINANZFITNESS: BESEITIGE SCHULDEN MIT ERFOLGREICHEN DIÄT-GRUNDSÄTZEN

Dies ist eine etwas andere Sichtweise auf die Schuldentilgung. Seit kurzem studiere ich die Gewohnheiten von Menschen, die erfolgreich Diät gemacht haben - Menschen, die 15 kg oder mehr Gewicht verloren haben und dieses Gewicht auch hielten. Beim Lesen des neuesten Artikels erkannte ich, dass Du die Erfolgsprinzipien dieser Menschen auch anwenden kannst, um aus den Schulden zu kommen und schuldenfrei zu bleiben.

Ich persönlich mache beides, Schulden- und Gewichts-Diäten, und es ist auffällig, wie ähnlich sich die beiden Praktiken sind. Ich habe mir erlaubt, faul zu sein, und bin durch schlechte Gewohnheiten beim Geld ausgeben in die Schulden gerutscht und jetzt versuche ich, es abzuarbeiten (schuldenfrei bis Anfang nächsten Jahres!). Ich habe mir in den letzten Jahren auch erlaubt, durch schlechte Essgewohnheiten und Bewegungsmangel übergewichtig zu werden, und jetzt versuche ich, es abzuarbeiten (flacher Bauch bis Anfang nächsten Jahres!).

Auch, wenn Du dieses Buch nicht gekauft hast, um abzunehmen, lass uns zunächst einen Blick auf die zehn Gewohnheiten und Prinzipien erfolgreicher Diäten werfen, von Menschen, die viel an Gewicht verloren haben (mindestens 15kg, aber viele sogar mehr) und das Gewicht hielten.

1. Kalorien zählen. Es scheint schwierig, aber ist es nicht wirklich und es funktioniert.

2. Wiegen in Wochen. Es reicht, sich einmal pro Woche zu wiegen, um die Veränderung Deines Gewichts zu kontrollieren.

3. Sport. Fast jeder, der viel Gewicht verliert und sein Zielgewicht hält, hat mehr körperliche Aktivitäten eingebaut.

4. Weniger fernsehen. Fernsehen macht dick. Du kannst Dir wahrscheinlich denken, warum.

5. Ziele notieren. Wenn man seine Ziele schriftlich festhält, und sie definiert, ist es wahrscheinlicher, dass man sie auch wirklich erreicht.

6. Das Essen und die Aktivitäten aufschreiben. Das aufzuschreiben macht es bewusster und motiviert, es besser zu machen.

7. Öffentliche Rechenschaftspflicht. Indem man anderen über das Ziel und die Fortschritte berichtet, entweder in einer Art Programm oder in einer Online-Gruppe oder nur den Freunden oder dem Ehepartner, motiviert man sich.

8. Kleine Schritte. Niemand nimmt über Nacht 45kg zu und verlieren wird man sie auch nicht auf diese Weise. Man sollte kleine Schritte tun, um gesund zu essen und aktiv zu sein. Mit einem Schritt nach dem anderen kommst Du näher an Dein Ziel.

9. Den Lebensstil ändern. Man kann keine drastische Diät

oder ein Übungsprogramm machen und erwarten, es für immer einzuhalten. Es sind kleine schrittweise Veränderungen, die man für das Leben übernehmen kann. Man beschränkt sich nicht, sondern ändert die Art und Weise wie man lebt.

10. Belohnungen. Man muss (nicht-essbare) Möglichkeiten finden, sich selbst zu belohnen. Man kann sich etwas gönnen, ohne sein Kalorienlimit zu sprengen.

Also, wie kann man diese Gewichtsverlust-Grundsätze für den Abbau von Schulden anwenden? Lass uns mal schauen:

1. Dokumentiere die Ausgaben. Es scheint schwierig, aber ist es nicht wirklich und es funktioniert. Ich habe es getan, und Du kannst wirklich sehen, wo Dein Geld hingeht. Es macht Dir Deine Ausgaben bewusst.

2. Überprüfe wöchentlich. Behalte den Überblick über Dein Budget. Und aktualisiere den Stand Deiner Schuldentilgung wöchentlich, so dass Du Deine Fortschritte beobachten kannst.

3. Einkommen. Fast jeder, der Schulden verliert und schuldenfrei bleibt, hat das mit einer Erhöhung seines Einkommens geschafft. Es ist wie beim Sport: Du brauchst eine Diät (Kontrolle der Ausgaben), aber Sport (höheres Einkommen) hilft Dir, das Fett (die Schulden) schneller zu verbrennen. In diesem Kapitel erfährst Du, wie Du Dein Einkommen erhöhen kannst.

4. Weniger fernsehen. Fernsehen bringt Dich dazu, Geld auszugeben. Dir wird vorgegaukelt, dass Du bestimmte Produkte brauchst, um glücklich zu sein. Deshalb lass den Fernseher besser aus.

5. Notiere Deine Ziele. Wenn Du Deine Ziele schriftlich festhältst und sie definierst, ist es wahrscheinlicher, dass Du sie erreichst.

6. Kostenplan. Plane Deine Ausgaben und dokumentiere sie, um sicherzugehen, dass Du dem Plan folgst.

7. Öffentliche Rechenschaftspflicht. Indem Du andere über Dein Ziel und Deine Fortschritte unterrichtest, entweder in irgendeiner Art von Programm oder einer Online-Gruppe oder nur Deinem Ehepartner und Freunden, motivierst Du Dich selbst, es gut zu machen.

8. Baby-Schritte. Niemand hat über Nacht 30.000 € Schulden angehäuft und verlieren wirst Du sie auf diese Weise auch nicht. Mach kleine Schritte zu einem sparsameren Leben mit mehr Verdienst und mit jedem Schritt wirst Du Deinem Ziel näher kommen.

9. Änderung des Lebensstils. Du kannst Deine Ausgabegewohnheiten nicht drastisch über Nacht ändern und erwarten, dran zu bleiben. Es braucht kleine, schrittweise Veränderungen, die Du relativ problemlos in Dein Leben integrieren kannst. Du sollst Dich nicht einschränken, sondern nur die Art und Weise ändern wie Du lebst. Tipps dazu in den nächsten Kapiteln.

10. Belohnungen. Finde (preiswerte) Möglichkeiten, Dich zu belohnen. Gönn Dir etwas, ohne Dein Budget zu sprengen. Nimm Dir Zeit für Dich selbst, geh dann aber nicht einkaufen, sondern lies ein gutes Buch oder treibe Sport.

Wenn Du diese zehn "Diätprinzipien" befolgst, um Dich von den Schulden zu befreien, wirst Du erfolgreich sein, ohne Zweifel. Sie funktionieren für mich und sie funktionieren für viele andere.

Sobald Du das Gewicht verloren oder die Schulden eliminiert hast, solltest Du zwei Dinge beachten:

Dokumentiere trotzdem weiter. Obwohl Du nicht mehr im intensiven Schulden-Eliminierungsmodus bist, möchtest Du nicht zu Deinen alten Gewohnheiten zurückkehren. Das Dokumentieren hilft Dir dabei, bewusst zu machen, was Du tust und es hilft Dir, die guten Gewohnheiten beizubehalten.

Du hast mehr Spielraum. Sobald Du schuldenfrei bist, kannst Du wieder ein wenig mehr ausgeben. Mach es in Maßen und halte Dich an Deine neuen, "gesünderen" Gewohnheiten.

EIN FINANZPOLSTER AUFBAUEN UND RÜCKLAGEN BILDEN

Ein Finanzpolster aufzubauen, ist eines der wichtigsten Dinge, die Du tun kannst, um Dir finanziell zu helfen und ein entspannteres Leben zu führen.

Hier sind ein paar Gründe, warum ein Finanzpolster entscheidend für Deine finanzielle Gesundheit ist:

Keine Schulden mehr. Wenn ein Notfall passiert und Du kein Finanzpolster hast, wirst Du Deine Kreditkarte nutzen, um für den Notfall zu zahlen, und dann steckst du im Schuldenloch. Mit einem Finanzpolster musst Du keinen Kredit aufnehmen, um Notausgaben zu bezahlen.

Geglättetes Budget. Wenn unerwartete Dinge passieren, musst Du nicht ständig wieder Dein Budget neu ordnen, um diese Dinge zu bezahlen. Mit einer speziellen Rücklage für den Notfall ist Kostenplanung viel einfacher.

Keine Verzugsgebühren. Wenn Du von Gehalt zu Gehalt lebst, wird es Zeiten geben, in denen Du eine Rechnung verspätet zahlst oder Dein Konto überziehst. Mit einem Notfallpolster vermeidest Du diese finanziellen Schläge.

Weniger Stress. Wenn Du einen Monat (oder mehr) voraus bist, wird Dein finanzieller Stress stark absinken. Statt immer Aufholjagd zu spielen, kannst Du Deine Rechnungen überpünktlich zahlen und Dich zurücklehnen und entspannen.

Das Finanzpolster trägt zu einem Gefühl der Sicherheit bei. Dein Ziel sollte es sein, immer mindestens 1.000€ auf Deinem Konto als Sicherheit zu haben. Es ist ein üblicher finanzieller Rat, sich ein Finanzpolster aufzubauen. Seltener ist eine Erklärung, wie man es eigentlich macht. Offensichtlich haben die Leute, die kein Finanzpolster haben, Schwierigkeiten, Geld zu sparen, selbst wenn sie sollten. Wenn Du genau das auf dem Konto hast, was Du für die Rechnungen und Deine monatlichen Ausgaben brauchst, wirst Du zum Ende des Monats, wenn alle Zahlungen geleistet und alle Transfers abgeschlossen sind, immer in Richtung der 0€ rutschen. Da bleibt nichts für den Notfall und nichts zum Sparen übrig.

Deshalb brauchst Du Strategien, um Geld zu sparen. Du hast grundsätzlich zwei Möglichkeiten:

1. Baue erst ein Finanzpolster auf, beginne dann zu sparen. Sobald Du ein kleines Polster von rund 1.000€ (das Minimum, mit dem Du anfangen kannst) gespart hast, leitest Du diese Einsparungen auf Dein Girokonto für Deine Ersparnisse um.

2. Verwende Deine Ersparnisse als Finanzpolster. Falls Du schon Geld angespart hast, kannst Du es als Finanzpolster verwenden. Solange Du nicht den gesamten Betrag aufbrauchst.

Plane jährlich, halbjährlich oder gar vierteljährlich Deine Finanzen, indem Du zunächst alle zu erwartenden großen Ausgaben aufschreibst: zum Beispiel Deinen Urlaub, größere Anschaffungen, Sonderevents wie Deine Hochzeit, größere Geburtstage etc. Eröffne ein Unterkonto, rechne die geplanten Ausgaben in Monatsbeiträge um und bilde dann neben Deinem Finanzpolster Rücklagen. So machen es auch gut gemanagte Firmen.

Der Vorteil daran: die Sonderausgaben werden wie eine monatliche Rechnung von Deinem Gehalt abgezogen. Der Urlaub oder andere größere geplante Ausgaben reißen dann nicht gleich ein Riesenloch in Deine Kasse und verursachen so weniger Stress.

Nun ein paar Strategien, um Geld für Dein Finanzpolster und die Ersparnisse zur Seite zu legen: Bitte beachte, dass Du die Strategien auswählen solltest, die am besten für Dich funktionieren. Du kannst sie auch kombinieren.

Fang klein an. Wenn Du nicht viel zum Sparen hast, kein Problem - das Wichtige ist: anzufangen. Selbst wenn es nur 25€ Deines Gehalts sind, fang einfach an. Es wird langsam mit jedem Gehalt mehr und Du wirst Dich freuen, wenigstens etwas in Deinen Ersparnissen zu sehen und bald motiviert sein, mehr zu sparen.

Automatischer Abzug. Das ist ein häufiger Ratschlag, aber nur, weil es funktioniert. Richte Dir ein Onlinesparkonto ein und lass es jeden Monat, wenn Dein Gehalt kommt, automatisch einen bestimmten Geldwert von Deinem Gehalt abziehen. Wenn Du nicht darüber nachdenken musst, ist sparen viel einfacher.

Oder behandle es wie eine Rechnung. An jedem Zahltag hast Du eine Liste mit Rechnungen, die Du bezahlen musst, bevor Du das Geld für andere Ausgaben wie Benzin, Lebensmittel oder Essen gehen ausgeben kannst. Also, schreibe das Geld für das Finanzpolster dazu und bezahle es zur gleichen Zeit. Damit wird es nicht verhandelbar, und das, was übrig bleibt, kannst Du für andere Dinge ausgeben.

Reduziere eine Ausgabe und nutze das Geld für Dein Finanzpolster. Sieh Dir an, wie Du zurzeit Geld ausgibst, und finde etwas, das Du reduzieren kannst. Zeitungen, Gourmetkaffee, Comicbücher, Kabelfernsehen, Rauchen, Alkohol. Wofür Du Dich auch immer entscheidest, überweise an jedem Gehaltstag das so gesparte Geld direkt zu Deinen Ersparnissen. Gib es nicht aus!

Runde auf. Diesen Tipp habe ich von J.D. Roth von Get Rich Slowly[3]. Eigentlich ist es eine Strategie, die seine Frau nutzt, die jeden Einkauf notiert und aufrundet. Wenn sie also 26.01€ ausgibt, lässt sie das Wechselgeld in einem Umschlag oder einem zweiten Portemonnaie verschwinden. Über einen Monat können damit ganz ordentliche Ersparnisse zusammen kommen, die Du für den Aufbau Deines Finanzpolsters und später zum Sparen verwenden kannst.

Konto mit doppeltem Verwendungszweck. Dieser Tipp ist von Trent von The Simple Dollar[4], der seine Schulden bezahlen, aber gleichzeitig die finanzielle Sicherheit eines Finanzpolsters genießen wollte. Deshalb nutzte Trent brillanterweise ein Konto mit doppeltem Verwendungszweck: er hatte ein Konto für seine Rücklagen und sobald er ein bestimmtes Minimum erreicht hatte, wurde alles über diesem Betrag genutzt, um bestimmte Schulden abzubezahlen. Wenn Du keine Schulden hast, kannst Du alles über dem Betrag Deines Finanzpolsters auf Dein Tagesgeld- oder Sparkonto für langfristige Sparprojekte (Hauskauf, Ausbildung der Kinder etc.) überweisen. Also, nehmen wir an, der Minimalbetrag für Deine Rücklagen ist 1.000€. Sobald Du 1.000€ überschreitest, wird das Geld für Ersparnisse bis zu einem Wert von beispielsweise 500€ gespart. Sobald Du 1.500€ auf Deinem Rücklagenkonto erreicht hast, kannst Du die

3 www.getrichslowly.org

4 www.thesimpledollar.com

500€ komplett auf dein Tagesgeldkonto oder Sparkonto überweisen.

Gib Dir selbst ein Trinkgeld. Wenn Du in ein Restaurant gehst und dem Kellner 5 oder 10 Prozent Trinkgeld gibst, gib Dir das gleiche Trinkgeld. Wenn Du also 3€ Trinkgeld gibst, gib Dir auch 3€ und lege das Geld zu Deinem gesparten Wechselgeld.

Bezahle weiter Deine Raten, nur an Dich selbst. Wenn Du fertig bist, den Kredit für Dein Auto zu bezahlen oder eine Kreditkarte abzubezahlen oder kleinere Raten, nimm den Betrag, den Du für diese Raten bezahlt hast und überweise ihn jeden Monat direkt zu Deinem Finanzpolster. Es wird Dir in Deinem Budget nicht auffallen.

Plane viel Geld für Lebensmittel ein und spare die Differenz. Nehmen wir an, Du gibt normalerweise zwischen 320€ und 375€ für Lebensmittel aus. Plane 400€ für Lebensmittel ein und was immer Du von diesen 400€ nicht ausgibst, kannst Du zu Deinen Ersparnissen geben.

Verstecke einen Bonus oder eine Steuerrückzahlung. Wenn Du Weihnachtsgeld oder eine Steuerrückzahlung bekommst oder ein anderes unerwartetes Geschenk dieser Art, bringe es direkt auf Dein Konto und gib es nicht aus. Benutze es für Dein Finanzpolster.

Spare 5€-Scheine. Nimm Bargeld nur als 10er, 20er oder 50er mit. Trage keine 5€-Scheine bei Dir. Wenn Du einen 5€-Schein mit dem Wechselgeld bekommst, gib ihn nicht aus. Wenn Du nach Hause kommst, lege diesen 5€-Schein in einen Umschlag und spare ihn.

Verkaufe Dein Auto. Wenn Du zwei Autos hast, schau, ob Du nur mit einem Auto leben kannst. Das machen meine Frau und ich und es funktioniert gut, obwohl wir sechs Kinder haben. Nimm den Betrag, den Du für das zweite Auto bezahlt hast und spare ihn. Oder alternativ, verkaufe Dein Auto und kaufe ein günstigeres, gebrauchtes Model. Spare den Differenzbetrag.

Lass das Dessert weg. Wenn Du versuchst, Gewicht zu verlieren, bestelle kein Dessert oder Junk Food. Statt dessen stecke das Geld, das Du dafür ausgegeben hättest in einen Umschlag und spare es.

Bleib zu Hause. Statt ins Kino oder auszugehen, koche Dein eigenes Essen und sieh Dir eine DVD an — oder mach etwas Schönes kostenlos. Im Kapitel "Romantisch sein und trotzdem sparen" sind noch Ideen für schöne Erlebnisse, ohne viel Geld dafür ausgeben zu müssen. Spare den Differenzbetrag.

Arbeite freiberuflich. Nimm Deine Fähigkeiten und vermarkte sie als Freiberufler oder nimm eine zweite Stelle als Nebenjob an. Nimm das extra Geld und bringe es zur Bank. Das war eine meiner Strategien und sie funktioniert super. Mehr dazu im Kapitel. "Automatisiere Dein Einkommen, um Dein Leben zu vereinfachen".

Spare bei einer Versicherung. Wenn Du zu einer anderen Versicherung wechseln kannst, könntest Du hunderte Euro sparen. Nimm das Extrageld, das Du für die Versicherung gezahlt hättest und spare es.

DEIN BUDGET RICHTIG AUFTEILEN

Du weißt jetzt, worauf Du kurzfristig achten solltest: ein Finanzpolster anlegen und Rücklagen bilden. Auch ein paar Strategien habe ich Dir schon mitgegeben, wie Du dafür Geld beiseite legen kannst. Aber wie behältst Du über all das den Überblick?

Ziel ist es, die Notwendigkeit für komplizierte Dokumentationssysteme und die Zeit, die Du für Dein Budget und die Finanzen verwendest, auf ca. 15-20 Minuten pro Woche zu reduzieren. Ich kann nicht behaupten, dass diese Ideen originell sind, aber nach meiner Erfahrung funktionieren sie. Sie sind einfach und leistungsstark.

Lass uns einen Blick auf die Einrichtung eines Kostenplans werfen. Es gibt jede Menge Software, um Deine Ausgaben zu verfolgen, aber ich glaube nicht, dass sie notwendig sind. Eine einfache Tabellenkalkulation wird es auch tun und wenn Du eine Summe aus einer Spalte mit Zahlen addieren kannst, hast Du schon das notwendige Wissen.

Erstelle eine einfache Tabelle für Dein Budget, wenn Du das nicht bereits getan hast und starte, indem Du Dein Einkommen und die Ausgaben jeden Monat schätzt. Du kannst es später noch anpassen, aber es ist besser, zuviel anzugeben, als zu wenig, so dass es Dein Budget sprengt.

Schauen wir mal nach Wegen, um ein einfaches Budget zu erstellen:

Die 60-Prozent-Lösung. Es gibt viele Möglichkeiten, um Dein Budget zu strukturieren, aber die einfachste, die ich gefunden habe ist die 60%-Lösung. Im Grunde verlangt dieser Plan, dass Du von 60% Deines monatlichen Bruttoeinkommens die regelmäßigen monatlichen Ausgaben bestreitest, so dass Du Raum für das Sparen (langfristig und kurzfristig), Rente und Taschengeld ("Spaßgeld") hast. Dies sind die Dinge, die am häufigsten das Budget vernichten, weil die meisten Menschen sie nicht einplanen. Dein Prozentsatz könnte anders aussehen. Die hier angegebenen Prozentsätze sind nur grobe Richtwerte:

- 60 Prozent: Monatliche Kosten - wie Wohnen, Essen, Versorgungsunternehmen, Versicherungen, Internet, Mobilität. Dies ist der Teil, der am häufigsten als Budget verstanden wird.

- 10 Prozent: Ruhestand - und wenn Du es richtig machst, wird dies automatisch von Deinem Gehalt zum Beispiel für die Riester-Rente abgezogen.

- 10 Prozent: Der langfristige Sparplan (oder Schuldenabbau). Falls Du Schulden hast , würde ich Dir raten, diesen Teil des Budgets dafür zu nutzen, Deine Schulden abzubezahlen. Du solltest sogar etwas von den anderen Kategorien abziehen und diese Kategorie auf etwa 20 Prozent erhöhen. Sobald Deine Schulden abbezahlt sind, kannst Du zum langfristigen Sparen wechseln. Am besten ist es, dies in etwas wie Aktien oder einen Indexfonds zu investieren. Das Geld dieser Kategorie kann dann als Finanzpolster dienen.

- 10 Prozent: Kurzfristige Einsparungen (Rücklagen) - dies ist für die regelmäßigen Ausgaben, wie Wartung des Autos oder Reparaturen, Arztkosten (ohne

Versicherungsprämien), Haushaltsgeräte, Instandhaltung der Wohnung/des Hauses, Geburtstag und Weihnachtsgeschenke. Gib das Geld aus, wenn Du es brauchst - dafür ist diese Kategorie gedacht. Wenn diese Ausgaben kommen, wirst Du das Geld dafür haben, statt zu versuchen, es aus anderen Haushaltskategorien zu nehmen.

- 10 Prozent: Spaßgeld - was auch immer Du willst - gib dieses Geld für Essen, Filme, Comic-Bücher aus. Ohne schlechtes Gewissen.

Weniger Kategorien. Viele Kostenplaner fordern Dich auf, eine Million Kategorien und Unterkategorien zu füllen. Diese können nützlich sein, wenn Du all das Zeug beobachten möchtest, aber ich will das nicht. Ich empfehle die Vereinfachung: benutze breite Kategorien wie Lebensmittel und Mobilität und Ausgaben und Nebenkosten.

15-20 Minuten pro Woche. Die Budget- und Ausgabenplanung ist, wie ich es oben beschrieben habe, ziemlich einfach, aber man sollte nicht davon ausgehen, dass sie keine Wartung benötigt. Du solltest 15-20 Minuten in der Woche darauf verwenden, um sicherzustellen, dass Deine Finanzen in Ordnung sind. Nur diese kurze Zeit jede Woche wird Deine finanzielle Situation erheblich vereinfachen, Deine Kopfschmerzen reduzieren und verhindern, dass später Verwirrungen auftreten. Lege Tag und Zeit fest, wann Du jede Woche einen Blick auf Deine Finanzen wirfst. Nimm Dir 5-10 Minuten, um Deine Transaktionen in die Finanz-Software einzugeben (ich benutze MS Money, weil es sowieso auf meinem Computer war, aber eine einfache Excel-Tabelle oder eine andere Finanzsoftware wird es auch tun). Alles, was Du tun musst, ist online zu gehen und nach Deinem Bankkonto zu schauen. Trage Deine Spareinlagen, Rechnungen, sonstige Gebühren und was Du vom Geldautomaten abgehoben hast, in Deine Tabelle ein. Es sollte nicht lange dauern. Jetzt verbringe weitere 5-10 Minuten, um Dein Budget zu überprüfen und sicherzustellen, dass alle Rechnungen bezahlt wurden, die gezahlt werden sollten. Wenn nicht, zahle sie. So einfach ist das. Du bist fertig.

Weniger Konten. Einige Leute haben Systeme mit vielen verschiedenen Konten. Ich sage, vereinfache das. Du willst nicht eine Million verschiedene Konten überprüfen. Du solltest über ein Girokonto für periodische Auslagen und ein oder zwei Sparkonten verfügen: zum Beispiel für Rücklagen (kurzfristiges Sparen) und langfristiges Sparen. Du könntest eine Reihe von Anlagekonten haben, wenn Du willst, aber ich habe festgestellt, es ist einfacher, nur eins zu haben.

Weitere Dinge, die Du tun kannst, um Deine Finanzen zu vereinfachen:

SETZE DEINE FINANZEN AUF AUTOPILOT

Automatische Gehaltszahlungen. Lass Deine Gehaltzahlungen automatisch auf Deinem Bankkonto landen. Das sollte mittlerweile bei fast jedem der Fall sein.

Richte einen automatischen Geldfluss ein. Von Deinem Girokonto zu Deinem Online-Sparkonto, alle vier Wochen, am Tag nachdem Dein Gehalt auf dem Konto landet. Dies ist ein einfacher Setup-Prozess, der von Deinem Online-Sparkonto angeboten wird. Du solltest einen Kostenplan haben, um zu wissen, wie viel Sparen Du Dir leisten kannst. Du könntest Dir auch eine Überweisung auf ein Tagesgeldkonto oder ein anderes Anlageinstrument einrichten.

Lass Deine Rechnungen automatisch bezahlen. Dies wird der längste Prozess sein, aber es ist nicht schwer. Sieh Dir jede Deiner aktuellen Rechnungen an, geh auf die Website Deiner Bank und fülle das Formular für einen Dauerauftrag aus oder, falls die Zahlungen nicht regelmäßig geleistet werden müssen, nutze die Überweisungsvorlage, um nicht beim nächsten Mal alle Daten erneut eintragen zu müssen.

Barzahlungen. Der Rest, der nach Einsparungen und Rechnungen übrig bleibt, ist für Deine Bargeld-Ausgaben - für Mobilität (Benzin, Bahntickets, etc.), Lebensmittel und sonstige Ausgaben. Ich empfehle Dir, sie bar in drei (oder mehr) Umschlägen, die mit der jeweiligen Ausgabenkategorie beschriftet sind, aufzubewahren. Auf diese Weise kannst Du sehen, wann das Bargeld ausgeht und kannst entsprechend reagieren.

Das ist es. Kurz und schmerzlos. Jetzt kannst Du weniger Zeit mit Deinen Rechnungen und mehr Zeit mit Deiner Familie verbringen. Und alle profitieren davon!

AUTOMATISIERE DEIN EINKOMMEN, UM DEIN LEBEN ZU VEREINFACHEN

Der Titel dieses Kapitels sieht fast wie das Thema einer Spam-Email aus und trotzdem meine ich es total ernst — einer der besten Wege, Dein Leben zu vereinfachen, ist Dein Einkommen auf Autopilot zu schalten. Es ist am Anfang nicht so leicht, aber wenn Du es erstmal hinbekommen hast, ist es den Aufwand wert.

Statt jeden Tag und jeden Monat hart zu arbeiten, um Dein Geld zu verdienen, arbeite hart, um Deinen Einkommensstrom aufzubauen und ab dann musst Du nur noch wenig arbeiten, um diesen Strom aufrechtzuerhalten.

Ich habe schon darüber gesprochen, wie Du Deine Rechnungen und Ersparnisse auf Autopilot schaltest. Jetzt lass uns schauen, wie Du das Gleiche mit Deinem Einkommen machen kannst. Das ist nicht allein meine Idee — Autor und Blogger Tim Ferriss spricht darüber in "Die Vier-Stunden Woche" und mein befreundeter Blogger Brian Tracy nennt es passives Einkommen. Robert Kiyosaki beschreibt, wie das mit Immobilien funktioniert.

Auf meinem Blog habe ich oft über Vereinfachung geschrieben: To-Do-Listen vereinfachen, Deine Garderobe und alles dazwischen auch. Die Idee ist, das Unnötige und den Kram in unserem Leben zu eliminieren, damit wir mehr Zeit haben, uns auf das zu konzentrieren, was uns wichtig ist und dazwischen die Ruhe genießen können.

Dieselben Konzepte kannst Du auf das Einkommen

anwenden, auch wenn wir nur selten darüber nachdenken. Die meisten von uns arbeiten in einem Angestelltenverhältnis, investieren jeden Tag viele Stunden, um Gehalt zu bekommen. Das ist der normale Weg, Einkommen zu generieren und da ist nichts Falsches dran.

Aber wenn Du ein bisschen darüber nachdenkst, kann die Art und Weise wie wir Einkommen generieren unser Leben kompliziert machen. Wir haben täglich Stress durch unsere Arbeit und der Alltag kann langwierig und anstrengend sein. Wir haben lange To-Do-Listen und endlose Meetings und Telefonate und Emails und Interaktionen mit Mitarbeitern den ganzen Tag. Ein Job ist die ultimative Komplikation.

Jetzt stell Dir vor, dass Du ein kleines Unternehmen für Dich selbst gründest, vielleicht nebenbei oder Du entwirfst Eigentum wie ein Buch oder eine CD, was immer und immer wieder verkauft werden kann, sobald es hergestellt wurde. Sicherlich wirst Du viel Zeit und Energien investieren müssen und vielleicht auch Geld, aber sobald es getan ist, ist Dein Aufwand an Zeit und Geld nur noch minimal und was Du erhältst ist die Anfangsinvestition allemal wert.

Steck etwas harte Arbeit rein und bald wird ein stetiger Geldfluss einsetzen und Du musst jeden Tag oder jede Woche nur ein kleines bisschen Zeit investieren, um sicher zu gehen, dass alles gut läuft. Jetzt unterstützt Dein automatisiertes Einkommen Deinen Lebensstil, was nur sehr wenig Arbeit erfordert. Du bist frei, Deinen Träumen und Leidenschaften zu folgen. Keine To-Do-Listen mehr, keine Meetings und keine Tage voll mit Telefonaten, Emails und Kollegen. Kein Pendeln mehr. Das ist die ultimative Simplifizierung.

Es gibt nicht nur einen Weg, einen automatisierten Einkommensfluss zu erzeugen. Es gibt viele verschiedene Ansätze. Das würde für ein weiteres Buch reichen. Ich stelle Dir im Folgenden ein paar Ideen vor, um Dich zum Nachdenken zu bringen und Deinen Geist für die Möglichkeiten zu öffnen. Ich sollte auch anmerken, dass es immer ein Risiko gibt, zu versagen, bei jedem dieser Unternehmungen. Ich gebe keine Garantien, aber mit etwas kluger und harter Arbeit kann es ein Erfolg werden.

Ein Unternehmen gründen. Für viele Angestellte ist der Gedanke, ein eigenes kleines Unternehmen zu gründen, beängstigend, vielleicht sogar undenkbar. Aber es gehört nicht viel dazu. Und wenn Du die Kosten gering hältst — zum Beispiel über das Internet operierst, statt einen wirklichen Laden zu eröffnen — musst Du nicht viel Geld investieren. Mach etwas Brainstorming, recherchiere ein bisschen, teste aus und dann mach es! Wenn Du es richtig anstellst, brauchst Du nicht einmal Mitarbeiter einstellen. Vergib die Tätigkeiten, die Du nicht selbst machen willst an Freelancer oder Vertragsfirmen. Die Möglichkeiten kleiner Firmen sind endlos. Alles, was Du tun musst, ist ein Produkt kreieren und es im Internet verkaufen. Entwirf ein Produkt, dass Du selbst benutzen würdest, das sich an einen Nischenmarkt richtet, dem Du selbst angehörst, so dass Du viel über das Produkt, die Kunden und ihre Wünsche weißt.

Websites. Warum im Internet verkaufen? Zunächst mal sind die anfänglichen Kosten niedriger und es ist viel leichter, mit weniger Aufwand und alles kann automatisiert werden. Keine Miete für die Immobilie, keine Möbel zu kaufen, kein Zubehör für die IT-Infrastruktur einzurichten, keine Angestellten einzustellen. Eine Website zu erstellen, verursacht nur geringe Kosten. Das kannst Du für weniger als 1.000€ haben. Beschäftige Dich mit jedem dieser

Schritte, bevor Du anfängst:

- Eine Domain kaufen
- Einen Web-Host finden
- Web-Design
- Werbung kaufen (wie Google, Yahoo oder Facebook)
- Kassensysteme (Google, Paypal)

Verwandle Deinen Service in ein Produkt. Bietest Du aktuell einen Service an? Wenn ja, dann musst Du viele Stunden jede Woche dafür hergeben, um diesen Service anzubieten. Wenn Du aber diesen Service in ein Produkt, wie ein Buch oder eine DVD oder eine Website oder CD verwandelst, kannst Du es einmal herstellen und dann immer und immer wieder verkaufen. Überlege Dir den besten Weg, ein Produkt zu kreieren, das Kunden die gleichen Informationen oder Fähigkeiten gibt, die sie von Dir persönlich bekommen würden. Sieh Dir an, wie andere es gemacht haben, um Dich inspirieren zu lassen. Nutze Deinen Computer, um Dein Produkt zu entwickeln. Die eigentliche Herstellung des Produkts können meist Dritte für einen geringen Preis erledigen.

Andere Arten von automatisiertem Einkommen. Statt ein Informationsprodukt zu kreieren, könntest Du auch ein echtes Produkt herstellen, wie ein Gerät oder ein Lebensmittel. Freelancer können Deine Idee in ein gutes Design überführen und Auftragsfertigung verwandelt das Design in ein Produkt. Andere Arten von automatisiertem Einkommen beinhalten Immobilien, Online-Verkaufsbusinesses (wie eBay), Affiliate-Marketing (z.B. Amazon), ein Blog oder eine Mitglieder-Website. Es gibt viele Möglichkeiten. Finde Wege, Deine Stärken in einen Umsatzgenerator zu verwandeln.

Erstinvestition. Viele dieser Geschäftsarten benötigen

Startkapital in Form von Zeit und Geld. Die Zeitinvestition bedeutet nur, dass Du etwas harte Arbeit, wenigstens für die ersten 2-3 Monate reinstecken musst, bis es automatisiert ist. Aber das benötigte Startkapital kann viele Leute stoppen. Wenn Du ein bisschen Geld gespart hast, könnte ein wenig kostendes, wenig Pflege bedürfendes Geschäft ein gutes Investment sein. Du könntest auch ein kleines Geschäftsdarlehen bekommen von Deiner Familie oder Freunden. Wenn das ein Problem für Dich ist, ziehe einige der weniger kostenden Ideen in Betracht, wie einen Blog (die einzigen Kosten sind der Domainname und das Web-Hosting) oder die Herstellung einer DVD, die Du online verkaufen kannst.

Erstmal testen. Bevor Du ein Geschäft beginnst und anfängst, Dein Produkt herzustellen, teste es mit Werbung. Du kannst das mit Printwerbung in Nischenmagazinen machen (versuche nicht, es allen zu verkaufen, nur einer kleinen fokussierten Nische) oder mit Google Adwords. Erstelle Deine Website, um Bestellungen entgegenzunehmen, platziere die Anzeigen, beobachte die Statistiken und erkunde, ob es irgendeine Nachfrage gibt. Ist die Nachfrage gut, fang sofort mit der Herstellung an. Wenn nicht, musst Du entweder die Anzeigen verändern, die Nische für die Du das Marketing betreibst oder das Produkt selbst.

Automatisiere Dein Geschäft. Sobald Du die Website online hast und sie läuft und Du begonnen hast, Bestellungen anzunehmen und das Produkt zu verschicken, finde Wege, jeden einzelnen Part Deines Geschäfts zu automatisieren. Es gibt Firmen, die Du verpflichten kannst, die Bestellungen anzunehmen, sie an einen Hersteller weiterzugeben, den Kreditkartenabbuchungsprozess zu leiten und die Sendung an den Kunden zu verschicken. Wenn Du die Herstellung, den Verkauf, den Versand und die Bestellungen als Auftrag an Andere vergibst, ist alles, was Du tun musst, abzusichern, dass es keine Probleme gibt. Tim Ferriss' Buch "Die 4-Stunden-Woche" ist eine super Anleitung, um das umzusetzen.

Lehn Dich zurück und freue Dich. Sobald Du alles automatisiert hast, musst Du nur die Dinge überwachen, um sicherzustellen, dass das Geld auf Deinem Konto anwächst. An diesem Punkt könnte Deine zeitliche Verpflichtung bei nur 30 Minuten am Tag oder sogar einer Stunde in der Woche liegen. Kündige Deinen Job, sieh zu wie Dein automatisiertes Einkommen reinkommt und nippe an Deinem Margarita.

FINANZEN IN DEINER BEZIEHUNG

Eine der größten Ursachen von Problemen in Beziehungen sind Unterschiede in Werten, Zielen und Gewohnheiten, wenn es um Geld geht und vor allem die Kommunikation über Geldfragen.

Mit Geld kannst Du Dir keine Liebe kaufen, aber es kann sie sicherlich auch zerstören.

Obwohl ich nicht behaupten möchte, dass meine Frau und ich perfekt sind, wenn es um Geld und Beziehungen geht, kann ich sagen, dass wir gemeinsam einen langen Weg gegangen sind und wir nur selten Meinungsverschiedenheiten wegen Geld haben. Es war nicht immer so und wir hatten unsere Kämpfe auf dem Weg, aber wir sind in diesen Tagen in einer sehr viel festeren Beziehung, weil wir gelernt haben, wie man über Geld redet und wie wir unsere finanziellen Ziele ausrichten.

Das ist Ziel dieses Kapitels: lernen, über Geld zu reden und lernen, Eure finanziellen Ziele auszurichten. Wenn Ihr diese zwei Dinge tun könnt, habt Ihr mehr als die meisten Paare getan und Du hast dazu beigetragen, Eure Beziehung zu festigen.

Setzt Euch und sprecht über Eure finanziellen Ziele und Werte. Viele Paare vernachlässigen diesen Schritt, auch wenn es offensichtlich scheint und klar. Aber weil es unangenehm sein kann, über Finanzen zu sprechen, lassen sie diese wichtigen Dinge ungesagt und denken oft nicht einmal individuell darüber nach. Sie haben bestimmte

Vorstellungen, wenn es um Geld geht, aber sie werden nicht klargestellt. Das ist ein Fehler, weil eine Person vielleicht genügsam leben will, um für ein zukünftiges Ziel zu sparen, während die andere Person jetzt Dinge genießen will. Die Unterschiede resultieren oft aus der unterschiedlichen Erziehung und sie können emotional aufgeladen sein (siehe nächster Schritt). Es ist nicht schwierig. Sag nur Deinem Partner, dass Du Dich mit ihm hinsetzen und über die Zukunft sprechen willst - was Deine Ziele sind und wie Ihr als Team zusammenarbeiten könnt, um sie zu erreichen. Am Anfang spuckt einfach aus, was jeder von Euch möchte - ein Haus, Kinder, eine gute Ausbildung für die Kinder, ein gesundes Finanzpolster, schöne Autos, jedes Jahr verreisen, schöne Kleider, technische Spielereien und Computer usw. Dann beginnt zu priorisieren und seht, ob Ihr Gemeinsamkeiten findet. Wenn Ihr verschiedene Dinge wollt, ist es wichtig, dass ihr darüber redet, warum es so ist und die Wünsche der anderen Person berücksichtigt. Wenn es etwas ist, das die andere Person glücklich macht, solltest Du sie glücklich machen wollen - das ist die Basis einer guten Beziehung. Aber Beziehungen sind auch nicht einseitig, also solltest auch Du die Möglichkeit haben, glücklich zu sein. Der Punkt ist, dass beide Seiten in Betracht gezogen werden und Ihr solltet Euch für eine Win-Win-Lösung oder einen Kompromiss entscheiden, so dass Ihr beide glücklich seid. Es könnte ein paar Sitzungen brauchen bis Ihr Eure Ziele tatsächlich schriftlich fixiert habt, mit einem Zeitrahmen für jeden.

Vermeidet Emotionen in Euren Gesprächen über Geld. Von Eurem ersten Treffen über finanzielle Ziele bis zu Euren folgenden wöchentlichen Gesprächen (siehe Schritt 5), ist es wichtig, dass Ihr beide ruhig bleibt, nicht wütend oder verletzt auf einige Fragen reagiert und versucht, diese Fragen objektiv zu betrachten. Oft sind Finanzfragen mit allen Arten von emotionalen Aspekten verbunden, die noch aus der Kindheit stammen oder dem Wunsch nach Sicherheit oder dem Gefühl, dass Dein Weg besser ist oder einem Gefühl der Kränkung, wenn die Art wie Du Geld ausgibst kritisiert wird und vieles mehr. Diese emotionalen Probleme sind alle mit Finanzfragen verflochten und es ist wichtig, dass Ihr sie entwirrt und Euch nur mit Euren finanziellen Zielen und Gewohnheiten beschäftigt. Erstens, verwendet keine emotionale, anklagende Sprache. Gib der anderen Person nicht die Schuld und sei nicht negativ kritisch. Redet einfach über Eure finanziellen Ziele, die Entwicklung eines Plans für das Erreichen dieser Ziele, die Entwicklung eines Systems für den Umgang mit den Finanzen und so weiter. Versuche auch, Dich nicht angegriffen zu fühlen, wenn Deine bessere Hälfte über Deine Ziele oder Gewohnheiten spricht - lass es eine offene Diskussion sein und wenn Du Dich angegriffen fühlst, mach eine Pause, nimm einen Atemzug und erinnere Dich daran, dass dies nicht eine Diskussion über Dich persönlich ist, sondern darüber, wie Ihr beide vorgehen wollt, um Eure Ziele zu erreichen. Verstehe es als Teamarbeit, nicht als Jeder gegen Jeden.

Entwickelt einen Plan, um Eure Ziele zu erreichen. Sobald Ihr es geschafft habt, gemeinsame finanzielle Ziele zu definieren (ein großer Schritt - feiert!), braucht Ihr einen Plan, um dorthin zu gelangen. Der berücksichtigt Euer gemeinsames Einkommen, Eure eventuellen Schulden, Eure Ersparnisse, wie viel Ihr jeden Monat zur Seite legen könnt, um zu sparen, ob Ihr auf bestimmte Dinge verzichten wollt, um Eure Sparziele zu schaffen, wie lange Ihr Euch gebt, um die Ziele zu erreichen. Beginnt mit einem definierten Zeitrahmen für jedes Ziel, um dann herauszufinden, wie viel Ihr jeden Monat sparen (oder für Eure Schulden ausgeben) könnt, um Eure Ziele zu erreichen. Erstellt für jeden Monat einen Ausgabenplan (wenn Ihr ihn noch nicht habt) und seht, ob Ihr ihn so anpassen könnt, dass Ihr Eure monatlichen Ziele erreicht. Möglicherweise müsst Ihr auf einige Dinge verzichten oder zusätzliches Einkommen dazu verdienen, oder beides. Oder Ihr merkt, dass Eure Ziele nicht realistisch sind. Ihr müsst Euch vielleicht etwas zurücknehmen, neue Prioritäten setzen oder sie ein wenig verschieben, um Eure Träume zu erfüllen. Dieser Plan hilft Euch, Eure täglichen und monatlichen Ausgaben, mit Euren langfristigen Zielen in Einklang zu bringen. Es ist auch eine gute Möglichkeit, um kleinere kurzfristige Streitigkeiten beizulegen - Du solltest auf jeden Fall weniger Schuhe kaufen und ich sollte weniger Videospiele kaufen, also können wir uns das Haus in drei Jahren leisten und die Reise nach Australien in zwei Jahren.

Entwickelt ein Finanzsystem, das für Euch beide funktioniert. Um Euren Finanzplan in die Tat umzusetzen, müsst Ihr herausfinden, wie Ihr Eure Rechnungen bezahlen und Geld zum Sparen beiseite legen könnt, dazu Geld für verschiedenen Bedarf wie Mobilität, Lebensmittel, Essen gehen und so weiter. Jemand muss die Verantwortung für jeden Teil des Systems haben (es ist besser, wenn Ihr beide beteiligt seid, aber Ihr solltet es so gestalten, dass es für Euch als Paar funktioniert). Eine Person kann sich um die Überweisungen kümmern, während die andere das Finanzprogramm aktualisiert, um sicherzustellen, dass Ihr finanziell ausgeglichen seid, zum Beispiel.

Haltet Wochensitzungen ab. Dies ist sehr wichtig und es ist ein Schritt, den viele Paare übersehen. Nur weil Ihr gemeinsame finanzielle Ziele und einen Plan und ein System habt, bedeutet das nicht, dass alles in Ordnung ist. Wenn eine Person die Verantwortung für die Finanzen übernimmt und die andere ist außen vor, dann wird es wahrscheinlich Probleme geben. Ich habe mehrere Paare gekannt wie diese: ein Partner kümmerte sich um die

Finanzen und der andere war völlig ahnungslos... bis bekannt wurde, dass sie mit den Zahlungen hinterher waren und bald Privatinsolvenz anmelden mussten. Das war keine gute Zeit in deren Beziehung. Um solche Probleme zu vermeiden, macht ein wöchentliches Treffen, bei dem Ihr Euch hinsetzt und über Eure Finanzen sprecht. Ihr könnt Eure Konten überprüfen, Eure Ausgaben planen: was kommt in den nächsten Wochen, wofür Ihr etwas mehr Geld braucht, etwaige Problembereiche, was Ihr mit Eurem Jahresbonus macht, wie weit Ihr mit Euren Zielen seid und so weiter. Stellt sicher, dass Ihr Beide Bescheid wisst und dass Ihr gut als Team arbeitet.

Vor allem positiv bleiben und ehrlich sein. Denkt daran: Ihr seid ein Team. Ihr habt die gleichen Ziele und Ihr wollt Euch gegenseitig glücklich sehen. Die Teammitglieder können sich gegenseitig helfen und sich gegenseitig ermutigen oder sie können das Team auseinanderreißen, indem sie negativ sind, sich gegenseitig die Schuld zuweisen und gegen die gemeinsamen Ziele arbeiten. Wenn Ihr immer positiv bleibt, werdet Ihr als Team erfolgreich sein. Ermutigt Euch, bleibt auf Lösungen fokussiert, nicht darauf, wer Schuld hat und stellt sicher, dass Liebe die Grundlage für alles ist, was Ihr tut.

GENIESS DAS LEBEN JETZT UND SPARE FÜR DIE ZUKUNFT

Oft wird uns gesagt, dass wir jetzt leiden müssen, um später erfolgreich zu sein, dass wir Opfer bringen müssen, um zu sparen. Gib die sofortige Belohnung auf, für verzögerte Belohnung.

Aber Du kannst Beides tun.

Jahrelang war ich verwirrt, weil ich Bücher und Websites gelesen habe, die mir zwei verschiedene Botschaften sendeten:

1. Freude später. Die erste Botschaft war, dass Du die Befriedigung verzögern musst, um erfolgreich zu sein und ein Vermögen aufzubauen. Du kannst Dich nicht sofort belohnen und erfolgreich sein.

2. Freude jetzt. Die zweite Nachricht war in der Regel aus anderen Quellen über das Glück, aber manchmal sogar von der gleichen Quelle: genieß das Leben jetzt, solange du kannst, denn es ist kurz und man weiß nie, wann Dein letzter Tag kommt. Lebe jeden Tag, als wäre es Dein letzter.

Das Problem ist, ich stimme beiden Botschaften zu. Wenn Du meine Website häufig liest, wirst Du sehen, dass ich beide Botschaften sende, denn ich habe beide Philosophien vereint: Lebe das Leben jetzt und genieße es in vollen Zügen - ohne Deine Zukunft zu zerstören. Der

Schlüssel das zu tun? Finde Wege, das Leben vollständig zu genießen, ohne das Geld für Deine Zukunft zum Fenster rauszuwerfen.

Hier sind einige Tipps, um diese Philosophie zu leben:

Finde kostenlose oder billige Vergnügungen. Sparsamkeit muss nicht langweilig oder einschränkend sein, wenn Du Deine Phantasie nutzt. Sei kreativ und finde Wege, um Spaß zu haben - viel davon - ohne viel Geld. Macht ein Picknick im Park, besteigt einen Berg, bastelt, spielt Gesellschaftsspiele, lasst einen Drachen steigen, macht Kunst, backt Plätzchen... Ich könnte hundert Dinge auflisten, und Du könntest mit ein paar hundert mehr kommen. Mach eine Liste mit einfachen Freuden und genieße sie bis zum Maximum. Das ist der Schlüssel zu der ganzen Idee, das Leben jetzt zu genießen, ohne das Geld von morgen auszugeben.

Vereinfachung macht Spaß. Ich bin ein großer Fan der Simplifizierung meines Lebens, vom Entrümpeln bis hin zur Schaffung eines einfachen Lebensstils in jeder Hinsicht. Für mich ist das ein großer Spaß. Ich werde Zeug los, verdiene möglicherweise Geld mit dem Verkauf und ich habe viel Freude damit, es zu tun. Das ist gute Mathematik.

Entdecke, was wichtig ist. Oft geben wir Tonnen von Geld aus, für das Einkaufen, Ausgehen, Filme schauen, Essen gehen ... ohne wirklich das Leben zu genießen. Und wenn wir darüber nachdenken, haben wir nie Zeit für die Dinge, die wir wirklich tun wollen. Nun, das liegt wahrscheinlich daran, dass Dein Leben gefüllt ist mit Dingen, die Dir nicht sehr wichtig sind. Mach stattdessen einen Schritt zurück und denke darüber nach, was Dir wirklich wichtig ist. Dann werde das andere (teure) Zeug los und konzentriere Dich auf das Wesentliche. Sieh Dir einige Dinge auf meiner Liste an: meine Frau und Kinder, Freunde und Familie, Lesen,

Schreiben, Sport treiben, Freiwilligenarbeit, ruhige Zeit in der Betrachtung verbringen. Ratet mal, wie viele dieser Dinge richtig teuer sind?

Erkläre Menschen zur Priorität. Das bezieht sich auf den obigen Punkt, aber ich dachte, es würde dem ein wenig mehr Nachdruck verleihen. Sachen wie technische Spielereien, eine schöne Einrichtung, schöne Kleidung, Schuhe, Schmuck, etc. Wenn Du Dinge priorisierst, wirst Du eine Menge Geld ausgeben. Aber wenn Du Menschen zu Deiner Priorität machst - die Menschen, die Du am meisten liebst, enge Freunde und Familie - brauchst Du nicht einen Cent ausgeben, um das Leben zu genießen. Nimm Dir die Zeit, um Freunde oder Deine Eltern zu besuchen und sprich mit ihnen, ohne ein großes Essen oder ins Kino zu gehen. Setzt Euch, trinkt Limonade oder heißen Kakao (je nach Wetterlage) und redet. Erzählt Witze und lacht Euch kaputt. Sprecht über die Bücher, die Ihr gelesen habt, Filme, die Ihr gesehen habt, neue Dinge in Eurem Leben, Eure Hoffnungen und Träume. Und nehmt Euch Zeit für Eure Kinder oder Eure bessere Hälfte - verbringt wirklich Zeit mit ihnen, macht etwas, das nicht viel Geld kosten muss.

Finde Zeit für Dich selbst. Finde jeden Tag, jede Woche Zeit, die Du allein verbringst. Es gibt Deinem Leben wirklich mehr Sinn und Freude, anstatt durchs Leben zu hetzen, ohne Zeit zu denken, zu atmen.

Sich selbst verwöhnen. Du solltest Dir teure Vergnügungen nicht die ganze Zeit verbieten. Es ist nicht gut, das Gefühl der Entbehrung zu entwickeln. Um das zu verhindern, kauf Dir ab und zu etwas oder besser noch, gib Dich einem dekadenten Vergnügen hin. Ich liebe Dinge mit dunkler Schokolade oder Beeren, Palatschinken mit Eis und Beeren ist einer meiner Favoriten. Nur nicht übertreiben. Lerne kleinen Luxus in vollen Zügen zu genießen. Wenn Du Dir wirklich die Zeit nimmst, einen Leckerbissen zu genießen, brauchst Du nicht viele davon.

Dokumentiere Erfolge. Es spielt eigentlich keine Rolle, wie Du Deinen Erfolg dokumentierst. Du kannst goldene Sterne für eine neue vereinfachende oder sparsame Gewohnheit verteilen oder eine Excel-Tabelle zur Dokumentation Deiner abnehmenden Schulden oder zunehmenden Ersparnisse oder Investitionen verwenden. Die Dokumentation ist nicht nur eine gute Möglichkeit, Dich zu motivieren, sondern auch den Veränderungsprozess in Spaß zu verwandeln.

Belohne Dich selbst. Und damit es mehr Spaß macht, feiere jeden kleinen Erfolg! Denk Dir nicht zu teure Belohnungen für Dich aus. Auf Deinem Weg zum Erfolg - feiere einen Tag, zwei Tage, drei Tage, eine Woche, zwei Wochen, drei, einen Monat ... Du verstehst, was ich meine.

Engagiere Dich. Wir engagieren uns gern freiwillig als Familie. Es ist eigentlich etwas, was wir erst letztes Jahr begonnen haben, aber seitdem haben wir es ein paar Mal in verschiedener Art und Weise getan. Und während es nicht einen Cent kostet, ist es in einer Weise, die man mit Geld nicht kaufen kann, ungeheuer befriedigend.

Lebe im Moment. Lerne nicht so viel über die Vergangenheit oder Zukunft nachzudenken, sondern über das, was Du gerade durchmachst. Sei in der Gegenwart. Es mag abgedroschen klingen, aber es ist der Schlüssel dazu, das Leben in vollen Zügen zu genießen - ohne Geld auszugeben. Denk darüber nach: Du kannst Geld dafür ausgeben, auswärts zu essen, aber wenn Du nicht bei dem bist, was du isst, kannst Du es nicht wirklich genießen. Aber wenn Du ein einfaches, aber leckeres Essen kochst und wirklich jeden Bissen schmeckst, kann es enormen Spaß machen, ohne eine Menge zu kosten.

Verlangsamen. In der gleichen Weise kannst Du nicht wirklich Dein Leben in vollen Zügen genießen, wenn es an Dir vorbeirauscht, als wäre es auf Vorspulen eingestellt. Weißt Du überhaupt, wie schnell eine Woche, ein Monat oder ein Jahr vergeht? Vielleicht bist Du zu oft auf der Überholspur. Versuche die Dinge zu verlangsamen und sie werden weniger stressig und mehr Spaß machen. Fahr langsamer, iss langsamer, lebe langsamer.

Lerne, cooles Zeug für wenig Geld zu finden. Nenn mich verrückt, aber ich liebe es, in Secondhand-Läden einzukaufen. Du kannst so viele coole Dinge dort finden und sie kosten so wenig. Auf Flohmärkten das Gleiche.

In den nächsten Kapiteln folgen zahlreiche Tipps, um mit Spaß sparsam zu leben.

DIE GEIZKRAGEN-ANLEITUNG

Ich bin ziemlich sparsam, aber manchmal treibe ich es zu weit: Ich habe T-Shirts mit Löchern drin, ich kaufe nie neue Kleidung, wir kaufen gerade eine neue Couch, weil unsere aktuelle Löcher hat und ich habe mein letztes Paar Laufschuhe getragen bis die Sohlen abfielen.

Ich glaube nicht, dass Du Löcher in Deinem Sofa haben solltest und Du solltest auf jeden Fall Deine Laufschuhe öfter ersetzen als ich, aber es gibt viele Möglichkeiten, um Deine Ausgaben zu verringern und ein genügsames Leben zu leben.

Du hast mehr Optionen mit einem sparsamen Lebensstil. Ich weiß, viele werden denken, ich hätte kein Leben, dass es langweilig ist und ich genauso gut in einem Karton leben könnte und ich das Leben mehr genießen sollte. Aber ich habe ein Leben. Ein großartiges! Eines, in dem ich Zeit mit meiner Familie verbringe, Gespräche führe und lese und raus komme und die Dinge tue, die Spaß machen. Ich treibe Sport und konzentriere mich auf das, was wichtig ist. Meine freie Zeit verbringe ich wie ich will. Es ist ein gutes Leben.

Also, wenn Du ein paar Tipps zum sparsamen Leben möchtest, sind hier welche von einem Geizhals. Ich sollte anmerken, dass ich die meisten, aber nicht alle dieser Tipps selbst befolge.

Besitze nur ein Auto. Viele Familien haben zwei oder mehr Autos. Neben Deinem Haus, ist das Auto wahrscheinlich

Dein teuerster Besitz. Wenn du mit einem zurecht kommst, solltest Du das tun. Meine Frau und ich arbeiten beide. Wir haben sechs Kinder und doch haben wir gelernt, mit einem Auto auszukommen.

Dir reicht ein kleines Haus oder eine kleine Wohnung. Nur weil Du Dir ein größeres Haus leisten könntest, bedeutet das nicht, Du solltest in einem leben. Lebe lieber in einem so kleinen Haus wie es noch bequem ist. Ich meine nicht, dass Du in einer Ein-Zimmer-Wohnung mit einer vierköpfigen Familie leben sollst... Du weißt, was ich meine. Du könntest Tausende im Jahr sparen mit einem kleineren Haus oder einer kleineren Wohnung. Du musst nur vorher den ganzen Kram loswerden.[5]

Nimm ein kleineres Auto. Auch hier kannst Du Tausende sparen. Ein Auto statt eines SUV, zum Beispiel, ist eine große Einsparung. Sei bequem, aber übertreibe es nicht. Du wirst auf diese Weise auch eine Menge Sprit sparen.

Mieten statt besitzen. Das wird wahrscheinlich eine große Debatte entfachen, wie es das immer tut. Geh nicht einfach davon aus, dass ein Kauf die bessere Investition ist. Wenn Du die Zinsen, die Du für ein Darlehen bezahlst dazurechnest, die Kosten für die Versicherung und Wartung, ist ein Kauf oft viel teurer als die Anmietung. Wenn Du mietest, sparst Du Geld und kannst dann die Differenz investieren. Du könntest damit auf lange Sicht weit voraus sein. Das ist allerdings nicht selbstverständlich, also mach einen Vergleich, und beziehe alle Ausgaben mit ein.

Schau erstmal nach Gebrauchtem. Wenn Du etwas brauchst, erkundige Dich, ob jemand, den Du kennst, es hat und

---

[5] Sina Jasur: Minimalist. Mehr Freiheit. Mehr Geld. Mehr Glück.

nicht mehr verwendet. Schicke eine E-Mail an Familie und Freunde oder frag einfach mal rum, zum Beispiel in Share and Care-Gruppen auf Facebook. Du wirst überrascht sein.

Lege Dir einen minimalistischen Kleiderschrank zu. Dieser Tipp wird nicht für jedermann sein, aber ich versuche es mit einer minimalistischen Garderobe. Ich trage in der Regel Jeans oder eine lässige Hose, ein T-Shirt oder Polo-Shirt und Sandalen oder Schuhe. Einfache, solide Farben sind meine Favoriten. Alles geht mit allem anderen und ich habe nicht zu viele Klamotten. Das spart mir den Stress, ein Outfit zusammenzustellen und ich brauche nicht so viele Klamotten.

Verzichte auf Kabelfernsehen. Ich habe schon darüber gesprochen, dass ich auf das Kabelfernsehen verzichte. Damit spare ich jeden Monat Geld (in meiner Gegend ungefähr 60€ oder mehr als 700€ pro Jahr), aber es zwingt mich dazu, Dinge zu machen wie Lesen und Gespräche führen und nach draußen gehen. Eine Win-Win-Situation!

Nutze die Bibliothek. Statt Bücher zu kaufen, leih sie aus. Die Bibliothek hat oft auch eine große Auswahl an DVDs (je nach Region). Da sparst Du sogar noch mehr. Wer braucht da noch Kabelfernsehen?

Sparsamer Sport. Bewegung ist wichtig, aber es muss nicht viel Geld kosten. Wie wäre es mit joggen, Springseil springen (auf Youtube findest Du ein paar coole Anleitungen) oder mache Übungen mit Deinem eigenen Körpergewicht[6].

Arbeitsweg mit dem Fahrrad. Selbst wenn Du ein Auto

---

[6] Joshua Clark: Fit ohne Geräte: Trainieren mit dem eigenen Körpergewicht

besitzt, Pendeln mit dem Fahrrad spart Sprit und hält Dich gleichzeitig in Form.

Mitfahrgelegenheit oder mit dem Bus fahren. OK, Du willst nicht Fahrrad fahren. Also finde einen Freund oder Nachbarn, der in Deiner Nähe arbeitet und vereinbare eine Mitfahrgelegenheit. Oder nimm die öffentlichen Verkehrsmittel. Ein einfacher Ratschlag, aber etwas, was viele Menschen ignorieren.

Geh zu Fuß. Oft fahren wir zum Laden an der Ecke oder zu einer Schule, obwohl sie weniger als einen Kilometer entfernt sind. Geh ein paar Minuten früher los, verbrenne ein paar Kalorien und spare Sprit.

Mach es selbst. Ich werde hier nicht auf alle Möglichkeiten eingehen, aber oft kaufen wir Dinge, die wir viel günstiger selbst machen könnten, wenn wir nur etwas kreativer wären. Ja, es kostet etwas mehr Zeit und Mühe, aber es kann Spaß machen, besonders, wenn Du es zu einem Familienprojekt machst. Vor kurzem haben wir unsere eigenen (sehr einfachen) Bücherregale mit nur ein paar Stücken Holz gebaut, anstatt sie zu kaufen. Wenn Du nicht weißt, wie man etwas macht, suche online danach. Du wirst mit Sicherheit einige Anleitungen finden.

Schneide Deine Haare selbst. Auch das ist nicht für jedermann. Ich persönlich benutze eine elektrische Haarschneidemaschine, um meinen Kopf zu rasieren. Es ist einfach, es ist billig, es ist minimalistisch, es ist sorgenfrei. Ich mache mir keine Sorgen darüber, dass meine Haare durcheinander geraten könnten und wenn ich aufstehe, muss ich sie nicht herrichten. Allerdings sage ich nicht, dass Du Deinen Kopf rasieren sollst. Viele Menschen schneiden ihre eigenen Haare, in vielen einfachen, aber schönen Frisuren, lang oder kurz. Spart Geld und Zeit. Schau doch mal auf Youtube nach entsprechenden Anleitungen.

Pflege Dein Zeug. Das ist ein Kinderspiel, aber wir denken nicht oft darüber nach: Wenn Du Dich um das kümmerst, was Du hast, wird es länger halten. Du brauchst dann weniger Geld für den Kauf neuer Sachen. Wenn Du etwas Erhaltenswertes kaufst, nimm Dir einige Minuten, um das Wartungshandbuch zu lesen und erstelle eine Wartungs-Checkliste, die Du auf dem Element befestigst. Bei wichtigen Dingen wie dem Ölwechsel für Dein Auto schreibe es in Deinen Kalender.

Spare Sprit. Mit den steigenden Preisen für Benzin oder Diesel ist Kraftstoff zu einer der großen monatlichen Ausgaben für viele Menschen geworden. Kleine Dinge können sich zu großen Einsparungen summieren. Auf der Website des ADAC findest Du umfangreiche Tipps zu dem Thema.[7]

Kaufe nur Schnäppchen-Kleidung. OK, also du bist ein Geizkragen wie ich, der nur Kleidung kauft, wenn die alten Klamotten zu viele Arm- oder Beinlöcher haben. Aber jetzt könnest Du neue Kleidung brauchen. Ich meine, wirklich gebrauchen. Anstatt also neue zu kaufen, such nach Secondhand-Shops mit guter Kleidung. Oder kaufe sie neu, aber nur Zeug, das 50% verbilligt ist. Achte auf Schnäppchen und du wirst eine Menge sparen. Du könntest Dir eine Liste, mit allem, was Du brauchst, erstellen und dann im Winter- oder Sommerschlussverkauf eine Menge sparen (vor allem bei teureren Klamotten wie Hemden oder Anzügen).

Wasche weniger Wäsche. Einige Leute tragen Kleidung einmal und waschen sie dann, aber ich habe die

[7] www.adac.de

Angewohnheit, meine Kleidung mehr als einmal zu tragen, wenn sie nicht wirklich schmutzig geworden ist. Ich benutze meine Nase als Test. Ich will keine Kleidung tragen, die riecht, aber meistens sind die Sachen noch perfekt sauber. Das spart Dir ein paar Maschinen voll Wäsche.

Iss weniger Fleisch. Ich sage nicht, du sollst Vegetarier werden (obwohl man es immer versuchen kann), aber iss ab und zu fleischlose Gerichte. Pasta, vegetarisches Chili, vegetarische indische oder thailändische Gerichte, Falafel mit Hummus und Pitas und Tomaten und Salat... es gibt viele leckere Gerichte ohne Fleisch. Und Fleisch ist teuer (also frisches Fleisch, Gammelfleisch ist billig), also wirst Du mit fleischlosen Gerichten Geld sparen. Nochmals, ich gehe davon aus, dass Du mit frischem Fleisch kochst, nicht mit Fleisch in Dosen.

TIPPS FÜR DEINEN EINKAUF

Ich habe eine große Familie: meine Frau, sechs Kinder und ich, dazu noch eine Katze und ein Hund. Wir verbrauchen eine ganze Menge Lebensmittel. Lebensmittel sind (zusammen mit der Miete, dem Auto und Sprit) einer unserer größten monatlichen Posten. Ich weise soviel Haushaltsgeld wie möglich den Lebensmitteln zu, um sicherzustellen, dass es uns nie an Essen mangelt.

Und weil ich vermute, dass die meisten meiner Leser, ob sie große Familien haben oder nicht, hin und wieder Einkaufen gehen, dachte ich mir, schenke ich Euch einige meiner besten Tipps. Dies sind nicht alle ursprünglich meine Tipps. Ich habe Dutzende im Laufe der Jahre aus Zeitschriften, Büchern und Websites geholt. Aber das sind die besten von ihnen und manche habe ich selbst herausgefunden.

Geh immer mit einer Liste einkaufen. Wenn Du ohne eine Liste einkaufen gehst, könntest Du auch einfach Geld wegwerfen. Besser noch, spende es mir - ich brauche es wahrscheinlich mehr als Du :-) Aber im Ernst, bereite eine Liste von allem, was Du brauchst, vor. Stelle sie aus Deinem Wochenmenüplan (nächster Tipp) zusammen und überprüfe, ob Du die Zutaten nicht noch in Deiner Speisekammer, im Kühlschrank oder im Gefrierschrank hast. Versichere Dich, dass Du nichts vergessen hast. Jetzt halte Dich an diese Liste.

Plane ein Wochenmenü. Dies ist der beste Weg, um sicherzustellen, dass Deine Liste vollständig ist und dass Du genug da hast, um Deiner Familie Essen für die Woche zu kochen. Ich plane oft eine Wochenkarte und dann dupliziere ich sie für die nächste Woche - auf diese Weise kann ich für zwei Wochen auf einmal einkaufen. Plane auch ein Resteessen mit ein.

Geh nicht einkaufen, wenn Du hungrig bist. Das ist ein typischer Tipp, aber es ist wahr: Wenn Du hungrig bist, wirst Du alle Arten von Junkfood kaufen wollen und am Ende viel mehr Geld ausgeben. Iss zuerst eine gute Mahlzeit und dann wirst Du Dich eher an Deine Liste halten.

Setze Dir ein festes Budget. Wenn ich in den Laden gehe, weiß ich genau, wie viel ich ausgeben kann. Dann versuche ich mein Bestes, um innerhalb dieser Grenze zu bleiben. Wenn Du nicht weißt, wie viel Du ausgeben kannst, wirst Du sicherlich zu viel ausgeben.

Überschlage die Kosten. Bezogen auf den obigen Tipp, wenn Du im Rahmen Deines Budgets bleiben willst, ist es am besten zu wissen, wo Du stehst. Wenn Du merkst, dass Du drüber kommst, kannst Du entscheiden, ob Du wirklich die riesige Bonbon-Schachtel brauchst. Ich habe eine laufende Rechnung auf meiner Einkaufsliste, nur gerundet, sodass ich es schnell zusammen rechnen kann. Etwas kostet 1,85€? Ich sage 2€. Dann brauche ich keinen Taschenrechner oder all die komplizierten mathematischen Fähigkeiten.

Führe eine Liste an Deinem Kühlschrank und schreibe Dinge sofort auf. Wenn Dir etwas ausgeht, verlass Dich nicht auf Dein Gedächtnis. Notiere es Dir sofort und Du musst nie wieder in den Laden laufen, weil ihr keine Eier mehr habt. Das spart Geld und Zeit.

Mach Dir eine Vorrats-Checkliste. Mach eine Checkliste mit allem, was Du normalerweise in Deiner Speisekammer auf Lager hast. Hänge sie an die Speisekammer. Setze Striche neben jedes Element für die Anzahl der Artikel, die Du hast (wenn Du zwei Dosen Tomaten hast, mach zwei Striche). Wenn Du etwas verwendest, mach aus dem Strich ein X. Das macht es Dir viel leichter, wenn es an der Zeit ist, Deine Einkaufsliste zu schreiben.

Halte einen Vorrat für schnelle und einfache Gerichte. Einfache Mahlzeiten sind für uns vielleicht Spaghetti oder Makkaroni mit Käse oder eine schnelle Gemüsepfanne. Wir haben immer die Zutaten zur Hand, so dass wir schnell etwas zusammenrühren können, wenn wir uns faul fühlen.

Plane einen Großeinkauf im Monat für alle Grundnahrungsmittel. Du kannst frische Produkte in einem anderen Geschäft an anderen Tagen erhalten, aber ein Großeinkauf wird Deine Kosten senken und die Mengen, die Du in den anderen drei Wochen tragen musst. Vermeide Spontankäufe im Großhandel - nur weil sie viel verkaufen, bedeutet es nicht, dass Du sparst, wenn Du etwas kaufst, was nicht auf Deiner Liste steht. Achte darauf, dass Du alles aufbrauchst, bevor es verdirbt. Es ist nicht billiger, in Mengen zu kaufen, wenn Du sie nicht benutzt.

Kaufe gefrorenes Gemüse. Obwohl frisches Gemüse ein wenig besser ist, ist gefrorenes Gemüse fast genauso gut und viel besser als nichts. Und weil Du es im Gefrierschrank aufbewahren kannst, wird es selten schlecht und Du kannst es besser auf Vorrat kaufen.

Verzichte auf Fleisch. Fleisch ist teuer. Wir essen mehrmals pro Woche vegetarische Gerichte (denke an Nudeln oder Chili) und für die anderen Mahlzeiten könntest Du ein wenig Fleisch als Gewürzmittel statt als Hauptbestandteil des Essens betrachten - denke an asiatische, indische und ähnliche Gerichte. Eigentlich esse ich die ganze Zeit vegetarisch, aber meine Frau und die Kindern essen ein wenig von allem.

Kauf gesunde Snacks für Dich und die Kinder. Vollkorn-Cracker, Popcorn, klein geschnittenes Obst, Rosinen und andere kinderfreundliche Snacks sind viel besser als der Mist, den man häufig im Kinderessen findet. Und billiger.

Koche größere Portionen. Plane für jedes Abendessen etwas mehr zu kochen ein, so dass Du etwas für Dein Mittagessen und das Mittagessen Deiner Kinder übrig hast. Packe es sofort nach dem Abendessen ein, so dass Du Dich nicht am Morgen darum kümmern musst.

Friere Dein Essen ein. Du könntest auch eine riesige Menge Spaghetti (zum Beispiel) kochen und dann einfrieren für mehrere Abendessen. Eine tolle Idee ist es, einen Sonntag zu nutzen und die Mittag- oder Abendessen für eine Woche oder (sogar einen Monat zu kochen). Plane 5-6 einfrierbare Menüs und koche sie alle auf einmal.

Versuche es mit Abendessen im Schongarer[8]. Wir haben diese Zubereitungsweise letztes Jahr entdeckt und sie ist einfach und billig und lecker. Schneide ein paar Zutaten, wirf sie in den Topf am Morgen und ein Abendessen steht für Dich bereit, wenn Du nach Hause kommst. Kann etwas vollkommener sein als das? Ich behaupte, nein. Online findest Du viele Rezepte für den Schongarer.

Versuche die Eigenmarken. Markennamen sind oft nicht besser als generische und Du zahlst für all die Werbemaßnahmen, die sie durchführen müssen, um einen

---

[8] Auch Crock Pot oder Slow Cooker genannt.

Markennamen zu haben. Gib der Eigenmarke eine Chance, und oft wirst Du keinen Unterschied bemerken. Vor allem, wenn es eine Zutat in einem Gericht ist, wo man die Qualität dieser einzelnen Zutat nicht schmeckt.

Geh einkaufen, wenn nicht viel los ist. Eine meiner Lieblings-Zeiten zum Einkaufen ist später am Abend. Aber während der Arbeitszeit oder zu anderen Nicht-Spitzenzeiten ist es auch gut. Vermeide es gleich nach 17 Uhr, am Zahltag und in der Nähe von wichtigen Feiertagen. Wenn Du entspannt einkaufen gehen kannst, wirst Du keine unüberlegten Kaufentscheidungen unter Zeitdruck treffen.

Versuche es mit Genossenschaften. Du kannst auf diese Art oft eine Menge Geld sparen für größere Mengen und vor allem Bio-Produkte.

Nutze die Tiefkühltruhe. Wenn Du wirklich sparen willst, wirst Du eine große Tiefkühltruhe brauchen. Du kannst die Gefriertruhe nutzen, um Fleisch, Tiefkühlgemüse und Ähnliches auf Vorrat zu halten und um Chargen von Pasta, Aufläufen und anderen Abendessen im Voraus vorzubereiten und einzufrieren. Mach Dir in diesem Fall eine Checkliste, mit allem, was Du in der Tiefkühltruhe hast und bis wann Du es aufbrauchen solltest.

Nutze alles Mögliche. Du hast einen Haufen übrig gebliebener Zutaten: eine halbe Zwiebel, ein wenig Tomaten, ein paar Nudeln, ein paar andere Gemüse? Kombiniere sie vor Deiner nächsten Fahrt zum Lebensmittelgeschäft für eine schnelle Mahlzeit, so dass sie nicht verderben. Je länger Dein Essen hält und je weniger Du verschwendest, umso weniger wirst Du langfristig ausgeben.

Kaufe kein Junk-Food (oder kaufe so wenig wie möglich).

Fertiggerichte, Fast Food und anderes ungesundes Essen kosten nicht nur eine Menge Geld. Du bekommst dafür etwa Null Prozent gesunde Nährstoffe und es macht Dich und Deine Familie fett und krank. Das ist ein schlechtes Geschäft! Entscheide Dich stattdessen für Obst und Gemüse. Vermeide auch Fertiggerichte. Die kosten mehr und sind in der Regel viel weniger nahrhaft.

Geh ohne die Kinder einkaufen. Wenn Du die Kinder mitnimmst, werden sie Dich nerven und belästigen, bis Du irgendwas zum Naschen kaufst. Selbst wenn Du es schaffst, hart zu bleiben: es ist nicht angenehm, zehn Millionen Mal "Nein!" zu sagen. In den meisten Fällen wirst Du Geld sparen, wenn Du ohne Kinder einkaufen gehst.

Nimm Vollwertkost. Das verarbeitete Zeug ist wenig nahrhaft und macht Dich fett. Suche nach Dingen in ihrer am wenigsten verarbeiteten Form - Vollkorn statt Weißmehl oder Weizenbrot, frisches Obst statt Konserven oder Saft, Vollkorn-Getreide oder Haferflocken anstelle von allen anderen Arten von Getreide. Süße Cornflakes beispielsweise sind ein Fehlkauf. Viel Geld für wenig Nahrhaftes. Probier es mit Vollkorn-Getreide mit wenig Zucker. Gib Obst dazu für besseren Geschmack und Du bleibst viel länger satt.

Kontrolliere die Inhaltstoffe. Achte auf gesättigte Fettsäuren/gehärtete Fette, hohe Mengen an Zucker, Natrium, Cholesterin. Dann meide sie! Suche stattdessen Ballaststoffe, gute Fette, Eiweiß, Vitamine, Kalzium. Gesundes Essen muss nicht teuer sein. Oft kosten die ungesunden, hoch verarbeiteten Lebensmittel viel mehr als die Grundnahrungsmittel.

Trink Wasser. Wenn Du regelmäßig Eistee, Limonaden oder andere Arten von Getränken trinkst, verzichte vollständig auf sie und trinke nur Wasser. Es ist viel besser für Dich, und viel billiger.

Erstelle die Einkaufsliste nach Lageplan. Wenn Du regelmäßig in den gleichen Geschäften einkaufst, organisiere Deine Liste so, dass Du leicht die Artikel finden und abhaken kannst, so wie Du durch den Laden gehst. Wir kaufen immer von rechts nach links, so dass wir nicht ständig im Laden hin und her laufen. Merke Dir: Wenn Du Zeit sparst, sparst Du Geld!

Nutze Stoff-Einkaufsbeutel. Du wirst nicht nur Geld, sondern im Laufe der Zeit auch Tonnen an Kunststoff sparen und der Umwelt damit enorm helfen.

PACK DEIN ESSEN EIN UND SPARE VIEL GELD

Jeden Tag bei der Arbeit[9] gehen meine Kollegen zum Mittagessen in verschiedene Restaurants in unserer Gegend, während ich im Büro bleibe und mein Lunchpaket esse. Ich bewache das Büro, beantworte die Telefonate und betreue alle Besucher, die kommen, während meine Kollegen eine gute Zeit beim Mittagessen haben.

Warum ich das tue? Mehrere Gründe:

- Mein Mittagessen, das ich zu Hause gemacht habe, ist gesünder als das Essen meiner Kollegen, was in der Regel verarbeitet oder gebraten oder reich an zusätzlichen Kalorien ist.
- Das Essen koche ich auch schmackhafter als in Kantinen, Restaurants undFast-Food-Ketten und ich weiß, was drin ist.
- Ich kann meine Blogs und meine E-Mails lesen, während sie unterwegs sind, was mich während meiner Mittagspause produktiver macht.
- Wenn ich will, kann ich früher gehen, weil ich die Mittagspause durchgearbeitet habe.
- Ich spare eine Menge Geld.

Wie auch immer, hier sind meine Vorschläge für Mittagessen zum Mitbringen:

---

[9] Sina: diesen Blogpost hat Leo geschrieben, als er noch angestellt war, mittlerweile ist er selbständig und arbeitet zu Hause

Mach es großartig. Ich mag Sandwiches sehr, und ich mache sie mit Tomatenscheiben, etwas frischem Basilikum, Spinat, Sprossen, französischem Senf... mmmhh. Mach Dein hausgemachtes Mittagessen besonders fein mit leckeren Extras, wie Gewürzen.

Übriggebliebenes. Manchmal sind meine Lieblingsessen die großartigen Mahlzeiten, die ich am Abend zuvor hatte. Wenn ich die beste Suppe überhaupt mache oder mein Veggie-Chili zum Beispiel packe ich das, was übrig bleibt in verschiedene Behälter, so dass ich sie mir für mein Mittagessen während der Woche nur zu schnappen brauche. Wenn das Essen so gut ist, habe ich auch kein Problem damit, es die ganze Woche zu essen. Es ist köstlich und ich freue mich darauf.

Snacks. Ich esse nicht nur eine Mahlzeit während der Mitte des Tages. Ich werde in der Regel zwei Sandwiches machen, die ich mit ein paar Stunden Abstand esse, damit ich bis zum Abendbrot nicht verhungere. Ich packe auch Snacks wie Nüsse oder Früchte oder Joghurt (ich benutze Soja-Joghurt und Müsli und Beeren) oder Brezeln ein und ich kann sie essen, wann immer ich Hunger bekomme.

Konserven. Ich gehe diesen Weg nicht sehr oft, aber ich habe in der Regel eine Dose würziges vegetarisches Chili oder gebackene Bohnen dabei oder etwas, das ich bei der Arbeit aufwärmen kann, wenn ich keine Zeit hatte, das Mittagessen vorzubereiten.

Bereite es am Abend vor. Morgens kann es verrückt zugehen, so dass ich oft abends mein Mittagessen vorbereite - indem ich zum Beispiel die Reste oder meine Snacks bereit stelle. Dann packe ich sie am Morgen nur ein und gehe los.

Achte darauf, das gesparte Geld aufzubewahren. Geld beim Mittagessen zu sparen, ist nicht wirklich wichtig, wenn Du nicht tatsächlich das Geld sparst. Es ist einfach, Dein gespartes Geld in Deinen anderen Ausgaben zu absorbieren. Rechne genau aus, wie viel Du gespart hast und zahle dieses Extra am Zahltag auf Dein Sparkonto ein. Mach Deine Bemühungen sichtbar!

Bestimme Deine Mittagspause. Wenn Du das Mittagessen am Schreibtisch isst, sparst Du wahrscheinlich einige Minuten Weg und die Zeit, die Du auf Dein Essen wartest - also nutze diese zusätzliche Zeit für etwas Produktives oder Entspannendes. Lass Dir diese Zeit nicht auch noch entgleiten.

Dir ist das gemeinsame Essen mit den Kollegen aus sozialen Gründen wichtig? Auch dafür gibt es (günstige) Lösungen. Warum überzeugst Du sie nicht, es Dir gleichzutun? Oder Du bringst Dein eigenes Essen mit in die Kantine? Wie wäre es, wenn Du eine Kochgruppe mit Kollegen gründest?

ROMANTISCH SEIN UND TROTZDEM SPARSAM

Ja, ich bin ein Geizkragen, aber ich bin auch ein bisschen romantisch. Also musste ich kreativ werden, um meine Partnerin für mich zu gewinnen, ohne zuviel dafür auszugeben.

Wenn Du bereits eine bessere Hälfte hast, empfehle ich Dir, den Funken Eurer Beziehung am Leben zu halten und Wege zu finden, um Euch gegenseitig zu zeigen, dass Ihr Euch zu schätzen wisst, jede Woche und jeden Tag, wenn möglich.

Schau nach kleinen, kostengünstigen Möglichkeiten, romantisch zu sein und es wird sich für Deine Beziehung in vielfältiger Weise auszahlen.

Warum günstig? Nun, Du könntest eine Limousine mieten und Deine Liebe zu einem piekfeinen französischen Restaurant oder sie/ihn auf einen Ausflug zu den schneebedeckten Alpen entführen oder ein Stadion mieten und die Drei Tenöre für Euch Liebeslieder singen lassen, während ein Philharmonieorchester im Hintergrund spielt. Ich weiß nicht, wie es Dir geht, aber ich kann mir solche Sachen nicht mehr als einmal im Monat leisten. Den Rest der Zeit, muss ich zum Billigkram greifen.

Bevor wir zur Liste kommen, ein paar Hinweise, wie Du die Liste verwendest, insbesondere, wenn Du schon in einer Beziehung bist:

1. Wöchentliche Termine. Ich empfehle Dir, mindestens einmal pro Woche ein Date mit Deinem Partner. Es muss kein teures sein, aber zumindest könnt Ihr einen Weg finden, um ein paar Stunden Zeit miteinander zu verbringen. Wenn Ihr Kinder habt, wie ich auch, findet einen Babysitter.

2. Kommuniziert. Romantische Gesten ersetzen nicht die reale Kommunikation. Nehmt Euch Zeit, um über Eure Ziele, Eure Träume, Eure Pläne für die Zukunft, Euer aktuelles Leben, Dinge, über die Ihr glücklich seid, Dinge, die Ihr an der anderen Person liebt, Dinge, die Ihr gern arbeitet, Dinge, für die Ihr dankbar seid, zu sprechen.

3. Inspiration. Diese Liste enthält eine Menge von offensichtlichen Sachen. Dir fallen wahrscheinlich doppelt so viele gute Ideen selbst ein, aber die Liste hat nicht zum Ziel, originell zu sein. Sie soll eine Inspiration sein. Such Dir einige gute Ideen aus oder verwende sie, um einige Deiner eigenen zu wecken. Manchmal brauchen wir nur eine kleine Erinnerung.

4. Vergiss Valentin. Boykottiere den Valentinstag, weil er die Menschen glauben macht, man muss nur zu besondern Anlässen romantisch sein. Stattdessen nimm eine dieser Ideen und mach es an irgendeinem Tag der Woche - keine Notwendigkeit für einen besonderen Anlass.

Werfen wir also einen Blick auf einige Möglichkeiten, romantisch zu sein, ohne Dein Budget zu sprengen:

Picknick. Einer meiner Favoriten. Ich mag es, einen Korb mit selbst gemachten Sandwiches (wirklich herzhafte mit gutem Brot), Obst, Käse, Desserts, Süßigkeiten, Wein,

Snacks und allen Utensilien und Servietten zu verpacken. Suche einen großartigen Ort für das Picknick. Sonnenuntergang ist wohl die romantischste Zeit.

Schatzsuche. Ein weiterer Favorit. Ich organisierte das im Vorfeld, schreibe Hinweise auf Papierstücke und verteilte sie in der ganzen Stadt. Jeder Hinweis führt zum Nächsten und am Ende wartet ein Geschenk. Ihr werdet Euch königlich amüsieren, wenn Ihr herumfahrt. Am besten ist es, wenn die Orte und Hinweise etwas für Euch beide bedeuten.

Hausgemachtes Essen mit Kerzen. Eine Spezialität von mir. Selbst wenn Du nur eine Sache gut kochen kannst, hast du es geschafft. Pasta oder Steaks (obwohl ich kein Steak mehr esse) sind einfach zuzubereiten. Ein gutes Dessert toppt das Ganze. Die Kerzen sind eine nette Geste. Such ein paar Blumen dazu aus. Die meisten Frauen lieben einen Mann, der kochen kann, vor allem für sie.

Der Strand. Ich lebe auf einer Insel , deshalb ist ein Strand immer in der Nähe. Wenn Du nicht über einen Strand verfügst, wird auch eine andere schöne Naturlandschaft, wie ein See oder ein Fluss oder auf dem Berg funktionieren. Ihr könnt ein Picknick einpacken oder einfach nur ein paar Badeklamotten und ein paar Bier und eine tolle Zeit haben.

Festivals. Sieh in Deine Lokalzeitung. Da kannst Du alle Arten von Festivals finden für Filme, Tanz oder sogar Desserts und vieles mehr. Sie kosten sehr wenig und machen Spaß. Lauft rum, macht Witze und probiert alles aus.

Alte-Filme-Marathon. Nichts ist romantischer als großartige alte Filme. Leih Dir ein paar davon auf DVD

(Video-on-Demand geht auch), mach Popcorn, hol ein paar Süßigkeiten und schaut die Filme in Decken gehüllt in Deinem Wohnzimmer. Ein paar todsichere Empfehlungen: Casablanca, Ein Herz und eine Krone, Manche mögen's heiß, Frühstück bei Tiffanys, ach was, alles mit Audrey Hepburn.

Beobachtet Meteore. Hol Dir eine Decke und schaut zu den Sternen. Das geht am besten, wenn es einen Meteorschauer gibt. Sternschnuppen sind magisch. Lerne ein paar Sternkonstellationen und zeige sie ihr/ihm. Sinniert über die Geheimnisse des Universums.

Spiele im Schnee oder im Wasser. Wenn Ihr Schnee habt, habt Ihr Magie. Ansonsten bieten ein Pool oder das Meer oder ein See auch großartige Möglichkeiten, um zu spielen. Spielerisch ist gut, wie auch ein klein wenig unschuldiger, körperlicher Kontakt.

Familien-Feste. Wenn Ihr schon ein paar mal zusammen ausgegangen seid, könnte es entspannt genug sein, sie/ihn zu einem Familientreffen mitzubringen. Ein lockeres wie ein Grillfest ist wahrscheinlich besser als mit einem Weihnachts-Dinner oder so etwas zu starten. Obwohl, auf eine Hochzeit zu gehen ist auch Spaß. Grillfeste sind großartig, weil es gutes Essen gibt und sie kostenlos sind! Wenn Deine Familie witzig ist, habt Ihr kostenlose Unterhaltung!

Shakespeare. Ich liebe es, Theaterstücke zu sehen, insbesondere von DEM Barden. Wenn Dein Mädchen das auch mag... Naja, sie ist ihr Gewicht in Gold wert, so weit es mich betrifft. Und Shakespeare ist sehr romantisch. Zitiere ihr einige Zeilen danach.

Eisbecher. Lecker und spaßig. Teilt Euch die Toppings.

Dichterlesung. Das kann eine Menge Spaß machen, vor allem wenn Du ein Gedicht hast, kannst Du hinauf gehen und lesen. Schreib eins speziell für sie/ihn und sage jedem, dass es ihr/ihm gewidmet ist. Dann trinkt ein paar Bier und beobachtet die anderen. Dichtkunst kann sehr romantisch sein.

Noch ein paar Tipps, die besonders für Paare geeignet sind:

Blumen. Pflücke Wildblumen auf dem Weg nach Hause.

Schreiben. Lass überall kleine Liebesnotizen oder schicke jeden Tag eine Liebesmail. Schreibe einen Liebesbrief oder mache eine Liste von allem, was Du an ihr oder ihm liebst.

Spaziergang in die Vergangenheit. Besucht einige der besonderen Orte von Euren frühen Tagen.

Fotos. Erstelle ein Sammelalbum mit Fotos, Erinnerungsstücken und kleinen Zetteln von Eurem Zusammenleben.

Haushalt. Repariere etwas oder räum das Haus auf, nur, um Deinen Partner glücklich zu sehen.

Liebesfilm. Stell die beliebteste romantische Filmszene für Deinen Partner nach.

GESCHENKE, DIE DAS LEBEN VERÄNDERN UND WENIGER ALS 10€ KOSTEN

Wenn Du wie ich bist, bist Du immer auf der Suche nach Möglichkeiten, um günstige, aber sinnvolle Geschenke zu schenken. Ja, ich bin ein Geizkragen, aber ich bin glücklich.

Ich war immer an der Verbesserung meines Lebens interessiert und wenn ich meinen Lieben helfen kann, das Gleiche zu tun, ohne dafür viel auszugeben, bin ich sehr glücklich.

Lies weiter, dann wähle die Tipps, die Deinen Lieben am besten gefallen. Wenn Du wie ich sechs Kinder hast, dann sind Weihnachten oder Geburtstage nie billig.

Dienstleistungen. Die sind eigentlich kostenlos, es sei denn Du betrachtest Deine Zeit als wertvoll. Alles, was Du tun kannst, um jemandem zu helfen, jemandem etwas Freizeit zu ermöglichen, sein Leben zu verbessern, den Stress zu reduzieren: sauber machen, Hausarbeiten, Botengänge, Gartenarbeit, etwas reparieren, Kochen, alles, was Du gut kannst. Eines der besten Geschenke überhaupt, meiner Meinung nach.

Ebooks. Es gibt einige gute da draußen, einige für unter 10€... mein eigenes "Zen to Done" ist natürlich ein gutes Beispiel. :)

Moleskine-Notizbuch. Ich kenne niemanden, der eines dieser Bücher besitzt und es nicht liebt. Ich liebe meine. Sie sind so schön, taktil, wunderbar, um in ihnen zu schreiben, und nützlich. Ich empfehle eines der Taschen-Notizbücher, so dass Du es überall herumtragen kannst.

Selbsthilfe-Bücher. Ich liebe es, Bücher aller Art zu lesen, aber Selbsthilfe-Bücher scheinen eine besonders gute Wahl zu sein. "Superimmun" von Dr. Joel Fuhrman (von einem Leser empfohlen), "Wie ich die Dinge geregelt kriege" von David Allen, "Die 7 Wege zur Effektivität" von Stephen R. Covey. Ein paar von ihnen kosten vielleicht etwas über 10€, sorry.

Schrittzähler. Ermutige die Lieben in Deinem Leben, gesund zu bleiben. Ein Schrittzähler ist ein guter Weg, um das zu tun... Die meisten kosten über 10€, aber es gibt auch einige, die deutlich unter die Grenze kommen.

Hausgemachte Salsa. Mach Deine eigene Salsa, wecke sie ein, und wickle das Glas in ein Foto, das Du an Deinem Computer ausgedruckt hast.

Gesundes Kochbuch. Eine gute Möglichkeit, um jemanden, zum gesunden Essen zu bringen, während er einige neue, leckere Speisen probiert. Es gibt viele Kochbücher für unter 10€. Wie wäre es mit diesem oder diesem oder diesem?

Babysitting. Ein weiterer Service, aber ich erwähne ihn hier gesondert, weil ich als Vater weiß, wie toll dieses Geschenk sein kann. Wir Eltern brauchen auch mal eine Partynacht!

Yoga-Matte. Eine gute Möglichkeit, um in das neue Jahr zu starten, mit dem Frieden und der Fitness des Yoga. Kauf für den Start eine Matte (es ist möglich, sie unter 10€ zu finden). Wenn Du mehr Geld hast, kaufe eine Yoga-DVD .

Tao Te King. Mehrere meiner Leser schlugen diesen Klassiker der östlichen Philosophie vor und ich empfehle es selbst. Es gibt viele Ausgaben, auch für unter 10€. Du könntest auch "Zen und die Kunst ein Motorrad zu warten" versuchen.

Verbringe Zeit mit ihnen. Absolut kostenlos. Dieses Geschenk ist unschlagbar.

Hausgemachtes Kochbuch. Such Deine Lieblingsrezepte aus dem Internet (oder solche, die Du selbst entwickelt hast), formatiere sie auf nette Art und Weise und drucke sie aus. Binde sie in einem schönen Cover. Voilà, ein schnelles maßgeschneidertes Kochbuch.

WAS DU DEINEN KINDERN ÜBER GELD BEIBRINGEN SOLLTEST

Ich lerne erst jetzt Gewohnheiten, von denen ich wünschte, dass ich sie als junger Erwachsener gehabt hätte. Ich denke, damit bin ich nicht der Einzige, aber wenn ich diese Gewohnheiten gehabt hätte, als ich jung war, würde ich jetzt ziemlich gut dastehen.

Deshalb plane ich, meinen Kindern etwas über das Geld beizubringen, ihnen den Wert des Geldes zu vermitteln, ihnen Fähigkeiten und Gewohnheiten zu zeigen, die ihnen einen guten Start ermöglichen, durch Praxis und durch mein gutes Beispiel.

Kindern den Umgang mit Geld beizubringen, ist eine kontroverse Sache: niemand bezweifelt, dass sie das lernen sollen, aber das Wie ist eine schwierigere Frage. Im Allgemeinen empfehle ich vier Richtlinien:

1. Mach Dich kundig. Du kannst nichts vermitteln, über das Du nicht selbst Bescheid weißt. Lerne soviel Du kannst über Kostenplanung, das Sparen, über Investitionen, über Ausgabenkürzungen, über Schuldenreduktion. Bewaffnet mit Wissen wirst Du ein guter Lehrer sein.

2. Geh mit gutem Beispiel voran. Es ist eine Sache, Deinen Kindern etwas zu erzählen, aber wenn Du das komplette Gegenteil davon machst, werden sie mehr von Deinen Taten lernen als von Deinen Worten.

Wenn Du Ihnen etwas darüber vermitteln willst, wie man Ausgaben kontrolliert, musst Du es genauso machen.

3. Zeige ihnen eine Gewohnheit nach der anderen. Deine Kinder werden nicht über Nacht zu fähigen Finanzplanern oder in einem Monat oder sogar in einem Jahr. Dein Ziel sollte es sein, ihnen diese Lektionen während ihrer gesamten Kindheit beizubringen. Also bringe ihnen alles nacheinander bei. Wenn sie eines gelernt haben, kommt das nächste dran. Es herrscht keine Eile.

4. Lass sie durch Praxis lernen. Du kannst nichts nur durch Erzählen vermitteln. Du musst es ihnen (kurz) erklären, dann zeigen und es sie dann selbst tun lassen. Lass sie Fehler machen und dann redet über diese Fehler. Bald werden sie lernen, warum diese Fehler tatsächlich Fehler waren und wenn Du es richtig anstellst, werden sie gute Gewohnheiten entwickeln, indem sie es tun.

Jetzt folgen zehn wertvolle Lektionen für Deine Kinder:

Gib ihnen Kontrolle über Geld. Wenn Kinder vor dem Erwachsenenalter keine Kontrolle über Geld bekommen, lernen sie, dass Geld ihnen immer zur Verfügung gestellt wird, dass sie nicht verantwortlich sind für ihre Ausgaben oder ihre Zukunft. Wenn sie schließlich Kontrolle über ihr eigenes Geld erlangen, wenden sie diese Lektionen an, indem sie freizügig Geld ausgeben und sich keine Gedanken um ihre Zukunft machen. Gib statt dessen Deinen Kindern Kontrolle über Geld. Ich schlage vor, etwas Geld dafür zu nehmen, das Du sowieso eingeplant hast, zum Beispiel: Wenn Du zurzeit 200€ im Monat dafür ausgibst, essen zu gehen (um eine zufällige Zahl zu nennen), gib Deinen Kindern vielleicht Kontrolle über 50€ davon. Und mache das Gleiche für Klamotten- und Spielzeug-Ausgaben — rechne nichts zusätzlich zu Deinem Budget dazu, aber weise ihnen Teile Deines Budgets zu. Gib ihnen vollständige Kontrolle über dieses Geld. Das Ergebnis wird wahrscheinlich sein, dass sie zu viel für sinnlose Sachen ausgeben. Zunächst. Aber, wenn sie andere Dinge wollen, müssen sie lernen, dafür zu sparen. Mit der Zeit werden sie lernen, Entscheidungen zu treffen. Es könnte eine Weile dauern, aber es ist besser, sie lernen es jetzt und nicht erst, wenn sie Erwachsene sind.

Bring ihnen bei, für Ziele zu sparen. Sobald sie realisieren, dass zu Geld mehr gehört, als es für etwas auszugeben, was sie gerade wollen, werden sie etwas kaufen wollen, das mehr wert ist, als der Betrag, den sie gerade zur Hand haben. Das ist der Moment, in dem Du ihnen etwas über Sparziele beibringen kannst. "Du willst eine Xbox kaufen? Dann lass uns herausfinden, wie viel das kostet. So viel musst Du dafür sparen. Wenn Du dafür 40€ Deines monatlichen Budgets nimmst, könntest Du sie in fünf Monaten haben. Wenn Du 60€ Deines monatlichen Budgets dafür nimmst, könntest Du sie in etwas mehr als 3 Monaten haben. So oder so bedeutet es, dass Du Dich bei McDonalds und bei Spielzeug zurückhalten musst." Du könntest auch einen Chart auf dem Computer erstellen, der das Sparziel und die kleinen Sparmeilensteine auf dem Weg zeigt. Auf diese Weise können sich die Kinder dafür begeistern, wie ihre Ersparnisse wachsen.

Bring ihnen bei, dass sie durch die Reduktion von Ausgaben ihren Zielen schneller näher kommen. Das geht Hand in Hand mit Lektion #2 und wenn Du ihnen etwas über Sparziele beibringst, werden sie diese Lektion wahrscheinlich selbst lernen. Es ist gesunder Menschenverstand und Kinder sind schlau genug, das selbst herauszufinden: Wenn ich ein Ziel schneller erreichen will, muss ich mehr sparen, was bedeutet, dass ich weniger für anderes Zeug ausgebe. Aber Du kannst es mit einer Diskussion zum Thema Geld ausgeben und sparen untermauern. Sprich mit ihnen über die Entscheidungen, die sie jedes Mal, wenn sie Geld ausgeben, treffen.

Bring ihnen bei, wie aus Geld noch mehr Geld entstehen kann. Das ist die Lektion über das Investieren und es ist eine Lektion, die viele von uns lernen können. Es ist eine Sache zu sparen, aber wenn Deine Kinder nach Kurzzeitzielen suchen, werden sie mit dem Zinseszins nicht weit kommen. Du musst sie dazu bringen, ein langfristigeres Ziel zu haben, wie eine Reise, sobald sie graduieren oder eine Anzahlung für ein Auto oder etwas Kleineres. Was auch immer das Ziel ist, zeig ihnen, wie sie ihr Geld in bestimmte Investments stecken können und wie diese Investments mit der Zeit wachsen. Dieses Wachstum ist ihr Geld, das Geld für sie verdient. Es ist kostenloses Geld, fast, aber der Preis ist, dass sie in der Zwischenzeit nichts anderes kaufen können und sich angewöhnen, ihr Geld zu investieren. Und es wird ihnen helfen, schneller an ihr Ziel zu gelangen.

Zeige ihnen, wie man einen Kostenplan erstellt. Es muss kein komplizierter Kostenplan sein, aber was du ihnen wirklich beibringen willst, ist, wie sie ihre Ausgaben planen, statt eine große Menge Cash zu haben, die mit jedem impulsiven Kauf kleiner und kleiner wird. Der Kostenplan kann ganz einfach sein, wie: 30€, um für ein Fahrrad zu sparen, 30€ für ein langfristiges Ziel, 20€ für ein Geburtstagsgeschenk für die Mama und 30€ zum Ausgeben. Zeige ihnen, wie sie das Geld aufteilen können und wie sie bei diesen Beträgen bleiben. Mach es einfach und leicht, so dass sie nicht aufwachsen mit dem Glauben, dass Kostenplanung schwer und lästig ist. Wenn sie sich das jetzt angewöhnen, wird es sich unglaublich auszahlen, wenn sie erwachsen sind.

Zeige ihnen, wie man Rechnungen zahlt. Hat Dein Teenager ein Handy? Wer zahlt die Rechnung? Gib ihnen den Betrag für ihr monatliches Budget und erlaube ihnen, die Rechnung jeden Monat zu bezahlen. Wenn sie sich verspäten, wird der Service gekündigt werden. Sie werden lernen, pünktlich zu zahlen. Andere Rechnungen könnten das Auto (falls sie in dem Alter sind), Kabelfernsehen, Internet sein. Wenn Du sie einige dieser Rechnungen zahlen lässt, solltest Du sie überwachen, um sicherzugehen, dass sie es tatsächlich tun.

Erkläre ihnen die Gefahren von Schulden. Das ist wahrscheinlich keine Lektion, die sie mit sechs Jahren verstehen werden, aber wenn sie Teenager sind, können sie das Konzept erfassen. Du musst Dinge wie Darlehen, Kreditkarten und andere Schulden mit ihnen diskutieren. Wenn Du willst, dass sie durch Ausprobieren lernen, kannst Du sie eine Autoanzahlung oder eine sehr begrenzte Kreditkarte (für die sie bezahlen) aufnehmen lassen. Sie werden schnell lernen, wie überwältigend es sein kann, Schulden abzahlen zu müssen.

Zeig ihnen, dass es sie näher an ihr Ziel bringt, wenn sie mehr Geld verdienen. Wenn Du ein Sparziel hast, kannst Du Deine Ausgaben reduzieren, um dort schneller hinzukommen. Noch besser ist es aber, mehr Geld zu verdienen. Sie können diese Lektion schon in frühen Jahren lernen, indem sie Geld dazu verdienen (nicht durch Hausarbeit, weil sie lernen müssen, sich an der Hausarbeit zu beteiligen, ohne dafür eine Bezahlung zu erwarten), aber durch besondere Projekte, wie den Rasen mähen oder Babysitten für die Nachbarn oder die Autos der Leute zu waschen. Sie könnten einen Teilzeitjob antreten, um für ihr Auto oder andere Ziele zu bezahlen.

Erkläre ihnen Werbung und Konsumdenken. Das ist etwas,

das zu Hause und in der Schule unterrichtet werden sollte, weil die meisten von uns aufwuchsen, ohne sich wirklich bewusst zu sein, welchen Effekt, Werbung, Marketing und Konsumdenken auf uns und unsere Ausgaben hat. Das ist oft die Wurzel für unsere finanziellen Probleme, ob wir alt oder jung sind. Erkläre ihnen das Ziel von Werbung, uns dazu zu bringen, ihre Produkte oder Services zu kaufen und Geld auszugeben. Zeige, wie Werbung wirkt. Sprich über Konsumverhalten und wie es uns finanziell weh tut, dass es nicht gut für die Umwelt ist und wie es zu einem voll gestopften Haus mit teurem und verschwendetem Schnickschnack führt.

Erkläre ihnen impulsives Kaufen. Eng verbunden mit #9 natürlich, impulsives Kaufen ist der Effekt von Werbung. Zeige ihnen, wie man innehält, bevor man etwas kauft, um die Zeichen für impulsives Kaufen wahrzunehmen (erhöhte Herzrate, schweres Atmen, andere ähnliche körperliche Anzeichen). Erkläre ihnen, wie man eine 30-Tage-Liste nutzt, Einkaufszentren und online Shopping zu meiden und das Bedürfnis mit anderen durch das Kaufen von Prestigeobjekten mithalten zu müssen zu reduzieren.

100 MÖGLICHKEITEN, UM SPASS MIT DEINEN KINDERN ZU HABEN, OHNE VIEL GELD DAFÜR AUSZUGEBEN

Falls Du Kinder hast, dachte ich, dass es Dir hilft, wenn ich Dir ein paar Ideen mitgebe, um kostengünstig Spaß mit ihnen zu haben. Da es eine sehr lange Liste ist (immerhin 100 Tipps!) und ich nicht sicher war, ob jeder sie wirklich lesen möchte, stelle ich sie Dir exklusiv auf dieser Website zur Verfügung:

http://sina-jasur.de/100_moeglichkeiten/

NACHWORT VON SINA JASUR

Ich hoffe, Dir hat dieses Buch gefallen. Du musst nicht alle Tipps von Leo Babauta auf einmal anwenden. Nutze die Tipps, die Dir am besten gefallen und zu Deiner persönlichen Lebenssituation passen. Integriere sie Schritt für Schritt in Deinen Alltag. Dann wirst Du erfolgreich sein.

Auch ich arbeite noch daran, die Finanzen unserer Familie zu verbessern. Ich schreibe darüber auf meinem Blog: www.sina-jasur.de. Gern kannst Du mich dort besuchen. Ich möchte Dir noch einmal Leo Babautas Blog Zen Habits[10] ans Herz legen. Leo hat viele Weisheiten zu vielen Themen für Dich auf Lager. Es lohnt sich!

Ich freue mich über Deine Bewertung zu diesem Buch! Und vergiss nicht:

"Die besten Dinge im Leben sind nicht die, die man für Geld bekommt." Einstein

Alles Gute! Sina

---

[10] www.zenhabits.com

ÜBER SINA JASUR

Wer ich bin? Ein Freigeist! Eine Rebellin? Vielleicht. Ich schaue gern hinter die Fassade und stelle Fragen. Warum leben wir, wie wir leben? Warum sind die meisten Menschen in der westlichen Welt unglücklich, obwohl sie scheinbar alles haben. Gibt es Alternativen zu Stress, Hektik, Karriere?

Ich möchte gesund, voller Energie und glücklich sein. Das mache ich nicht nur für mich, sondern auch für meine drei Kinder. Da ich überzeugt bin, dass fast jeder Mensch auf diesem Planeten die gleichen Bedürfnisse hat, teile ich sehr gern mein Wissen und meine Erfahrungen auf den Gebieten: Minimalismus, vegane Ernährung, Lebensphilosophie und Kindererziehung.

Mit "Minimalist. Mehr Freiheit, mehr Geld, mehr Glück." ist mein erstes Buch erschienen: eine praktische Anleitung für alle, die endlich minimalistisch Leben wollen. "Mehr Geld" ist mein zweites veröffentlichtes Buch. Weitere werden folgen.

Wer mich auf meinem Weg begleiten möchte, kann dies auf meinem Blog: www.sina-jasur.de tun.

26114889R00052

Printed in Poland
by Amazon Fulfillment
Poland Sp. z o.o., Wrocław